·新经济时代的会计入门必备·

如何做好工业会计

图解教学——一目了然
图文并茂——直观易学

郝婷婷 著

经济管理出版社
ECONOMY & MANAGEMENT PUBLISHING HOUSE

图书在版编目（CIP）数据

如何做好工业会计/郝婷婷著. —北京：经济管理出版社，2014.2
ISBN 978-7-5096-2929-1

Ⅰ.①如…　Ⅱ.①郝…　Ⅲ.①工业会计—教材　Ⅳ.①F406.72

中国版本图书馆 CIP 数据核字（2014）第 017150 号

组稿编辑：勇　生
责任编辑：魏晨红
责任印制：黄章平
责任校对：张　青

出版发行：经济管理出版社
（北京市海淀区北蜂窝 8 号中雅大厦 A 座 11 层　100038）
网　　址：www. e-mp. com. cn
电　　话：(010) 51915602
印　　刷：三河市延风印装厂
经　　销：新华书店
开　　本：720mm×1000mm/16
印　　张：12.25
字　　数：183 千字
版　　次：2014 年 6 月第 1 版　　2014 年 6 月第 1 次印刷
书　　号：ISBN 978-7-5096-2929-1
定　　价：38.00 元

联系地址：北京阜外月坛北小街 2 号
电话：(010) 68022974　　　邮编：100836

前言

近几年，为了加强企业管理，规范财务行为，我国相继颁布了《企业会计准则》、《企业财务通则》和《中华人民共和国企业所得税法》等。同时，工业企业的经营管理对企业信息的要求越来越高，尤其对工业会计信息质量的要求倍加严格。因此，工业企业会计人员只有不断学习新法规，遵循财会制度，满足工业企业经营管理的需要，才能在会计岗位立足。

在金融危机、公司裁员、大学生就业难等社会背景下，作为一名工业企业的会计人员，如何守住自己的岗位是我们关注的问题。当面对复杂的报表、烦琐的计算时，你是否会感到头昏脑涨？是否为工作而整日苦闷？

的确，工业会计是一项专业性很强的工作，即便是会计专业的高才生，初次接触工业会计工作时也会不知所措。俗话说："在银行不做柜员，在企业不做会计。"由此可见，会计真的是一门让人很头疼的工作。

但是，作为一名刚刚接触工业企业财务工作的会计人员，如何才能让会计工作流程更加熟练呢？如何迅速编制工业企业会计报表？如何才能比别人更胜一筹呢？

为了解决这些问题，我们编写了《如何做好工业会计》一书，以适应工业企业中必要的核算和管理需要，提高工业企业会计人员对会计技能的运用水平。本书以《企业会计准则》为依据，结合工业会计的特点和相关的法规，系统、直观地讲述了工业企业的各种核算工作，并详细地介绍了工业企业中各项业务的操作内容、程序和账务处理等。本书的重点是工业会计核算，为了便于学习，列举了直观的账务处理案例。

编写本书旨在帮助工业企业会计人员提高专业技术水平，提高工业企业财务信息的准确性。为了便于学习，快速地掌握工业会计的重要内容，本书在结构上大胆创新，只要认真阅读本书，就能轻轻松松地做一名优秀的工业企业会计。

本书共九章，主要包括：工业会计概述、资产类项目的核算、工业企业要素费用的核算、生产费用和制造费用的核算、产品成本的核算、销售与利润的核算、工业企业会计报表和会计制度等，本书适用于工业会计的初学者，也适用于从事工业会计工作的会计人员。

在编写过程中，本书力求做到内容全面，重点突出，简明易懂。为了便于读者掌握工业会计的重要核算，本书将理论知识与具体操作结为一体，详解工业会计的重点内容，并对每个章节的重点作了深入的剖析，可切实提高工业企业会计人员的实际操作能力。另外，为了巩固读者的会计知识，在每节的末尾增加了相关的小测试，以提供一个检验学习成果的演练平台。

如果你希望顺利通过试用期，

如果你渴望得到企业领导的赏识，

如果你想成为一名优秀的工业企业会计人员，

请阅读此书！此书能够为你解决在会计工作中遇到的问题，能够让你快速掌握工业企业的业务核算，能够让你在工业企业的会计工作中游刃有余，成为工业企业的财务骨干。

目　录

第一章　工业会计概述 …… 1

第一节　工业会计的意义和内容 …… 1
第二节　工业会计的任务 …… 5
第三节　工业会计成本核算 …… 9

第二章　工业会计建账、记账全攻略 …… 17

第一节　工业会计建账攻略 …… 17
第二节　原始凭证的填制和审核 …… 21
第三节　填制记账凭证的诀窍 …… 26
第四节　账簿的设置和登记 …… 31
第五节　工业会计的记账方法 …… 37

第三章　工业企业经营业务的基本核算 …… 43

第一节　存货会计实务 …… 43
第二节　收入的定义和确认条件 …… 47
第三节　销售业务的账务处理 …… 51
第四节　利润总额和分配的核算 …… 57
第五节　应收票据和应收账款的核算 …… 61

第四章 工业会计资产类项目的核算 …… 67

第一节 固定资产的核算 …… 67
第二节 货币资金的核算 …… 73
第三节 无形资产的核算 …… 77
第四节 金融资产的核算 …… 82

第五章 工业会计要素费用的核算 …… 89

第一节 材料的核算 …… 89
第二节 人工费用的核算 …… 94
第三节 生产费用的核算 …… 99
第四节 制造费用的核算 …… 104

第六章 其他费用和损失的核算 …… 111

第一节 外购动力费用的核算 …… 111
第二节 低值易耗品的核算 …… 115
第三节 生产损失的核算 …… 120
第四节 辅助生产费用的核算 …… 125

第七章 产品成本、在产品、产成品的核算 …… 131

第一节 产品成本核算的基本概念 …… 131
第二节 产品成本的核算 …… 135
第三节 产成品的核算 …… 139
第四节 在产品的核算 …… 144

第八章 工业企业会计报表 …… 149

第一节 工业会计报表综述 …… 149
第二节 资产负债表 …… 154

第三节 利润表的编制 …………………………………………… 159
第四节 现金流量表的编制 ………………………………………… 164
第五节 工业企业会计报表附注 …………………………………… 169

第九章 会计制度与组织管理 ………………………………… 175

第一节 会计机构 ………………………………………………… 175
第二节 会计人员 ………………………………………………… 178
第三节 会计制度 ………………………………………………… 182

参考文献 ………………………………………………………… 187

第一章 工业会计概述

第一节 工业会计的意义和内容

本节关键词：

工业会计、工业企业、工业会计的内容

本节内容提要：

(1) 掌握工业会计的意义。

(2) 了解工业会计的职能。

(3) 熟悉工业会计的特点和内容。

人们印象中的会计人员往往是手拿算盘、鼻夹眼镜的“账房先生”，而如今的会计人员已从“账房先生”转化为“理财高手”，但记账、算账仍然是会计人员的主要工作。目前，我国工业企业不断地向更多领域发展，工业企业的财务核算工作需要越来越多的会计人员。因此，让更多的会计人员轻松、快速地学习会计知识是本书的目的。本章主要介绍工业企业会计的基本概况，以便读者对工业企业会计有全面的认识。

一、工业会计的含义

工业会计是一门重要的学问，不管你是一名初学者还是会计行业的佼佼者，都需要牢固的基础知识，熟知会计理论方法。只有一步一个脚印地打好基础，才能快速、高效地掌握会计工作技巧。

要想学好会计，首先，我们要了解工业会计，那么，什么是工业会计呢？工业会计的概念如图 1–1 所示。

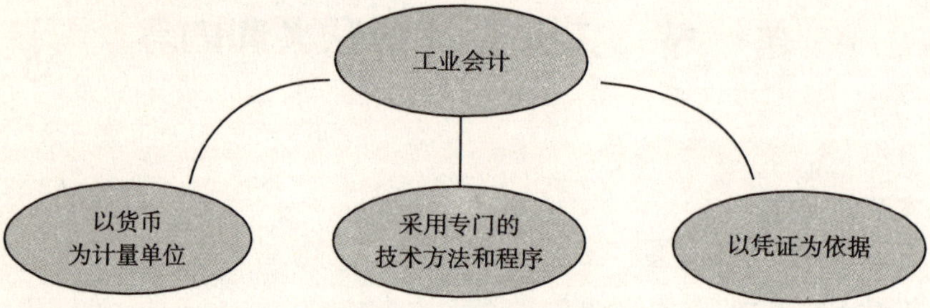

图 1–1　工业会计的概念

工业会计应用于工业企业，是一种专业会计。在工业企业中，会计起着至关重要的作用。工业会计的计量单位是货币，以凭证为依据，为了提供所需要的会计信息，常常会采用专门的技术方法和程序，最终以记账、算账或报账的形式呈现出来。工业会计能够加强企业经营管理，提高经济效益，为更多、更快、更好地完成各项计划服务。

正如马克思所说："生产过程越是按社会的规模进行，越是失去纯粹个人的性质，作为对过程的控制和观念总结的簿记就越是必要。因此，簿记对资本主义生产，比对于手工业和农民的分散生产更为必要，对公有生产，比对资本主义生产更为必要。"

工业企业是直接从事产品生产的经济组织，也是国民经济计划发展的基础，在整个生产过程中，担负着独立核算、以收抵支、降低成本、提高产品利润的艰巨任务。因此，每个工业企业都需要工业会计的核算和管理，只有这样，在执行国家的政策方针、法规制度的前提下，才能科学、合理地进行生产经营。也就是说，提高工业企业的经济效益离不开工业会计。

为了管理好工业企业的经济活动，就必须熟知生产经营情况，注意情况和问题的数量，并有基本的数量分析。如企业购入材料物资的数量，生产消耗的多少，产品的生产和销售情况，产品的储存等。要想以尽可能少的消耗生产出尽可能多的产品，就需要掌握工业会计这一专业技能。

工业会计人员通过货币计量，如实记录、计算、反映和监督企业的财产变化、生产物资和经营成果，可以了解企业的资金运作和利润情况。同时，通过会计数字的比较分析，可以进一步了解企业存在的问题和企业计划的实施进程。

二、工业会计的特点和内容

工业企业的经济活动的特点决定了工业会计的特点，它除了要用会计的基本原理和方法之外，还要核算劳动的耗费与补偿，产品的销售收入、成本、税金也要定期收支。在企业的生产和销售过程中，需要储备资金、生产资金以及结算资金等，然后又回到货币资金。这种货币资金的不断循环就叫做资金的周转。同时，制造产品是工业企业的基本活动，而生产过程是工业企业的中心。

工业会计的职能如图 1–2 所示。

- 工业会计的职能
  - 核算
    - 确认
    - 计量
    - 记录
    - 报告
  - 监督
    - 对原始凭证的监督
    - 对会计账簿和财务报告的监督
    - 对财产物资的监督
    - 对财务收支的监督

图 1–2　工业会计的职能

核算和监督是所有会计行业的基本职能，工业会计除了拥有这两项基本职能外，预测经济前景、计划组织、经济决策等也属于工业会计的基本职能。而核算和监督企业资金又是工业会计的内容。资金包括资金运动、资金循环、销售收入、利润和税金等。

1. 资金、资金占用和资金来源

工业企业为了经营管理需要一定的资金作为基础。一般情况下，我们把资金分为资金占用和资金来源两个方面，两者相互平衡，对立统一。资金占用是指资金的分布和存在形态，可分为固定资金和流动资金。固定资金指的是在劳动资料方面的占用资金，如房屋、机器和运输设备等，它可以长期地发挥作用。流动资金指的是在原材料、半成品和成品等流动资产方面的占用资金，还有周转的现金、银行存款等资金。

资金来源是指资金的取得渠道。国家财政拨款、银行借款、企业自筹以及其他单位的投资都是工业企业资金的主要来源。

2. 资金运动

资金总是处于运动状态，工业企业资金运动的表现形式主要有资金的循环和资金的周转两个方面，在循环和周转中，资金占用形式会发生变化。在生产过程中，资金占用形式有生产产品、原材料等。

工业企业在销售环节，要收回货币资金和缴纳税金。除了补偿销售成本和税金之外，销售收入中所有收回的货币资金都属于企业利润。总而言之，资金运动除了循环和周转外，还有资金投入和退出等资金变动。

工业会计的内容可以归结为以下三点：

（1）企业的经济业务活动包括资金的取得、运用和退出等环节，它们直接影响到各项资金占用和资金来源的变动。

（2）在生产经营过程中，各项耗费和产品成本形成的各种情况的发生。

（3）企业销售收入的取得、纯收入的实现和分配情况。

工业会计的工作内容不仅是企业与国家关系的体现，也是企业与职工关系的体现。例如，企业与国家之间的拨款、交款关系，企业与企业之间的协作关系，企业与职工之间的工资结算、福利待遇关系。工业企业的生产经营需要在国家的计划指导下进行，在核算和监督资金运动时，必须按照国家的政策方针、制度，正确处理好各方面的关系，以便提高经济效益，完成任务。

第二节　工业会计的任务

本节关键词：

工业会计的任务、会计的工作组织

本节内容提要：

（1）掌握工业会计的基本任务。

（2）了解工业会计的工作组织。

本节主要介绍工业企业会计的相关任务以及工业企业会计的工作组织，并且讲述如何做好会计工作。通过合理设置会计机构、加强会计组织队伍、完善会计制度，从而使读者提高会计工作的能力。

一、工业会计的定义和任务

工业会计是工业企业经营管理不可缺少的一部分，不仅要为企业管理服务，还要为与企业有关的社会环境服务。工业会计除了做好核算、检查和分析外，还要提供真实、准确的信息，做好反映和监督。因此，工业企业会计的任务是监督企业的经济活动和服务于企业的经营管理。为了使企业快速发展、有效生产、提高经济效益，工业会计必须依照国家的方针政策、制度进行生产和经营管理。

工业企业经济管理的制度决定了工业会计的任务，而制约工业会计主要任务的就是会计最基本的职能：核算和监督。因此，工业会计的基本任务就是：按照国家的政策方针，遵守并维护财务制度，促进生产发展，提高经济效益。

不同的工业企业的会计有不同的任务，但工业会计的基本任务可以概括为三项。如图 1-3 所示。

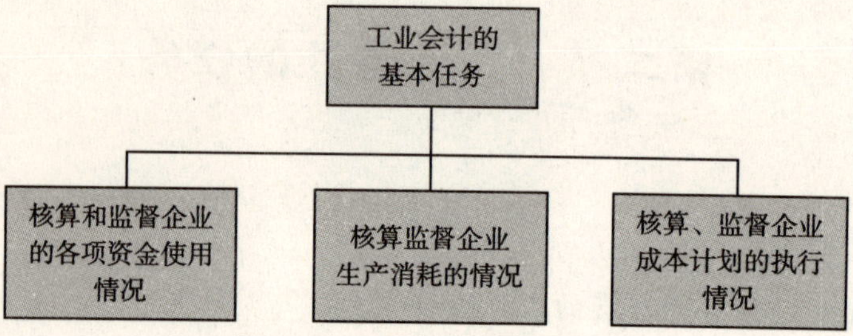

图 1-3　工业会计的基本任务

1. 核算和监督企业各项资金的使用情况

工业企业所拥有的各项资金，不仅是社会主义财产，也是企业进行生产经营、完成国家任务的物质基础。因此，在生产过程中，每个企业都必须加强经济管理，充分利用各项资金，并且还要保护社会主义财产。

为了合理管理、充分利用企业资金，工业会计必须正确核算、监督各项资金的使用情况，做好计划工作的效益预测，并建立必要的管理制度，编制企业的成本计划。工业会计要做好记账、算账、报账等工作，为了使账与实际相符，要定期对资金财物进行清查、盘点和核对。若发现情况有变化，要及时调整计划，使计划符合实际。

2. 核算监督企业生产消耗，提高经济效益

毛泽东主席曾指出："任何社会主义的经济事业，必须注意尽可能充分利用人力和设备，尽可能改善劳动组织，改善经营管理和提高劳动生产率，节约一切可能节约的人力和物力，实行劳动竞赛和经济核算，借以逐年降低成本，增加个人收入和增加积累。"

实行经济核算，尽可能地以最低的成本、最少的资金，生产出最多、最好的产品，而要实现这一要求，运用工业会计必不可少。工业会计通过记账、算账等工作，精确核算和监督生产的各项消耗，并采用合理的方法，核

算亏损或盈余。

3. 核算、监督企业成本计划的执行情况，促使企业完成国家计划

工业企业占用的资产是社会主义财产，也是企业生产经营的物质基础。企业利用工业会计核算和监督经济活动，可保证企业按照国家的有关方针、制度经营，并结合企业的设备、技术水平、人力资源等情况，制订出企业生产计划，确保财产的合理收支，库存精确无误，以保证企业完成国家计划。

工业会计的任务除了以上三项基本任务外，还有很多任务，如预测经营前景、分析企业经济效益、保护债权人的合法权益，以及如实反映企业情况，分析企业经济效益，有助于推动企业采取有效措施，解决企业存在的问题，并巩固和发展企业。另外，在经营权和所有权发生分离的情况下，必须保证投资者的资金和向债权人借入的资金安全，这是工业企业的经营者的义务。而这一重任需要工业会计来肩负，因为只有会计能够公正、客观地进行核算，定期公布信息，按期偿还债务，分清管理责任等。

二、工业会计的工作组织

可见，工业会计在企业中担负了很多重要的任务，已经是企业的一个重要组成部分。不管是企业的发展前景，还是企业的经济效益，都离不开工业会计。然而，要想做好会计工作，还需要具备一个重要条件，即提高企业的经营管理水平。

那么，为了有效地提高会计的工作水平，更好地完成会计任务，工业企业需要构建的工作组织如图 1–4 所示。

在实际工作中，工业企业通常会将会计工作和财务管理工作组合在一起设置会计机构。会计机构是保证完成会计任务和发挥会计作用的组织，它是企业进行会计核算的主要部分。工业企业会计机构的设置需要根据企业规模、业务繁简程度和管理要求来设置。一般有两种设置方式，一种是设置单一的会计机构，另一种是设置总机构及分支机构。

另外，工业企业在精简会计机构、完善会计核算的同时，还需要配备一

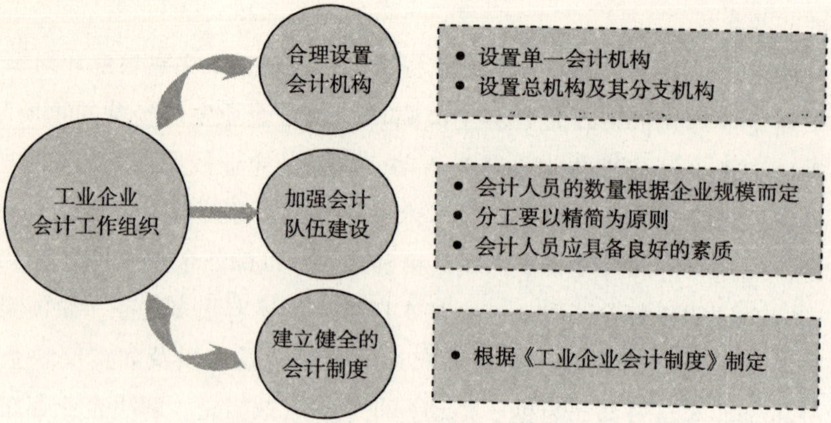

图 1-4　工业会计工作组织的内容

支数量相当、精明优秀的会计队伍。而会计人员的数量也是根据企业规模而定，并根据《中华人民共和国会计法》的规定，建立总会计师负责制，由总会计师主管企业的经济核算工作，直接控制企业的财务会计机构，其他财务人员应根据分工要求以精简为原则进行配备。在新的形势下，企业的会计人员必须具有忠诚守信、实事求是的精神和良好的政治、业务素质。尤其对总会计师和财务科长的要求更高，不仅要求其德才兼备，还要有较高的管理能力和丰富的业务知识。

工业会计制度是根据《企业会计准则》制定的，是企业经济管理制度的重要部分，是为了适应经济发展的要求。工业会计人员工作时必须遵循会计制度和准则，严格维护制度，达到制度规定的要求。任何企业、任何会计人员都应该自觉遵守会计制度，以局部利益服从整体利益，只有这样，制度才能发挥应有的作用。

总之，只有结合工业企业的具体情况，合理设置财务会计机构，建立健全会计制度，工业企业才能有条不紊地、更好地发展。

习题：

1. 工业会计的基本任务是什么？

2. 工业企业会计机构是根据什么设置的？

3. 如何提高会计人员的工作能力？

第三节 工业会计成本核算

本节关键词：

工业会计成本核算、成本核算的基本要求、成本核算的一般程序

本节内容提要：

（1）了解工业企业成本核算的基本概念。

（2）熟悉成本核算的基本要求。

（3）掌握成本核算的原则和一般程序。

（4）掌握成本核算的账户设置。

本节主要讲述关于工业企业成本的相关内容，包括工业企业成本核算的概念、成本核算的基本要求、成本核算应遵循的原则，以及成本核算的一般程序，这些都是工业会计需要掌握的重点内容。只有遵循一定的成本核算原则，按照成本核算的程序和要求，才能正确、快速地进行成本核算。另外，掌握成本核算的账户设置也是本节必须学习的内容，它是成本核算的重要依据。

一、成本核算的基本概念和要求

在企业生产经营过程中所消耗的一切费用，都是为了符合社会需要、提高企业经济效益。这些费用是形成成本的基础。为了归集反映工业企业所发生的费用支出，必须采用成本核算方法，它是以货币为计量尺度，将企业所发生的实际费用根据一定的计算对象，而确定其成本的一种方法。

由于工业企业生产阶段具有多样性和复杂性的特点，使成本的核算也变得复杂。因此，成本核算一般指的是产品成本的核算，它是工业企业核算的

重要部分。当产品进行生产的时候，工业企业会发生许多生产耗费，如领用材料、发生间接费用等。这些生产费用需要各种产品承担。因此，为了分析成本升降的原因，控制工业企业各项费用的支出，发现企业生产经营中潜在的问题，就必须进行成本核算。只有通过成本核算，才能正确反映成本计划的执行情况，准确地预测和规划下期成本指标，以达到预期的成本目标。

为了达到工业企业规定的预期目标，正确进行成本核算，必须符合成本要求。其基本要求如下：

1. 加强成本费用的审核

根据企业的实际情况，按国家有关规定和制度，严格审核工业企业的各项费用，并对其进行控制。通过对费用的发生情况、费用脱离定额的情况进行核算和分析，制止不合法、不利于提高经济效益的损失或超支；已经无法制止的，要采取相应的措施，防止再次发生；对于定额不符合实际情况的，要根据规定程序重新修订定额。为了在降低成本的同时又提高经济效益，必须定期分析和考核产品成本，加强成本的审核和控制。

2. 正确划分各项费用界限

正确地计算产品成本是企业生产经营过程中的重要部分，因此，必须正确划分各项费用界限，采用适当的方法将费用进行分摊。正确划分费用的界限有以下几项：

（1）生产和非生产经营管理费用。如企业建造的固定资产、对外投资和购买无形资产等经济活动，不计入成本、费用；用于产品的生产和销售、筹集生产资金的费用，计入成本、费用。

（2）生产费用和期间费用。在工业企业中，生产产品时所发生的一切生产费用应计入产品成本；生产经营活动中所发生的管理费用、财务费用等期间费用，应计入当期损益，从当期利润中扣除。

（3）各个月份的费用。企业应按月核算该月发生的成本、费用等各项支出，及时计入该月成本、费用。同时，还应根据权责发生制原则，对预提费用和待摊费用进行核算。若预提费用和待摊费用的数额较小，则将全部费用计入支付月份的成本、费用，以简化核算工作。

（4）各种产品的费用。计算各种产品的成本是为了正确分析和考核产品的成本的执行情况。凡属于某产品单独发生、能直接计入成本的生产费用，应计入成本；属于几种产品同时发生，不能直接计入成本的生产费用，应分别计入各种产品的成本。

（5）完工产品和在产品的费用。月末计算产品成本时，如果某产品已完工，其各项生产费用之和为该产品的完工成本；相反，则为该产品的月末在产品成本。

3. 做好成本核算的基础工作

建立健全定额管理制度和各项原始记录，除此之外，还应严格计量、检验和领退，定期盘点工作。为了便于分析和考核企业各成本计划的执行情况，企业不仅需要制定厂内计划价格，作为核算成本和费用的依据，还需要根据生产特点和管理要求，采用合理的成本计算方法。

二、成本核算的原则和基本程序

为了提高成本核算质量，充分发挥其作用，成本核算需遵守的原则如图1–5所示。

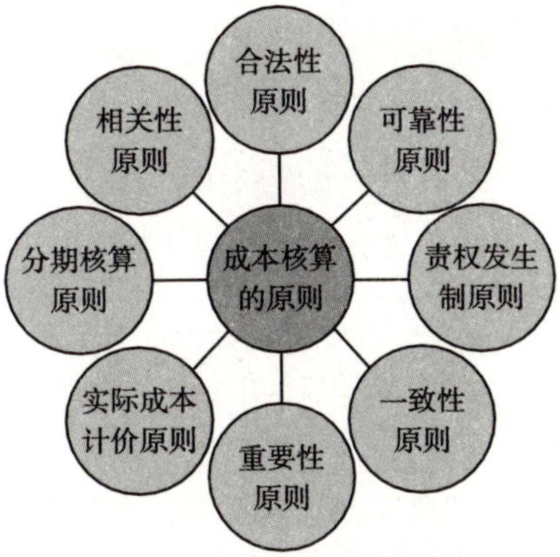

图 1–5 成本核算的原则

工业会计核算成本时，不仅需要遵守一定的原则，还需按照一定的程序进行。理论上，成本核算的基本程序是根据成本管理和成本核算的要求，将发生的各种费用进行分类核算的基本过程。事实上，有很多企业的成本核算程序很混乱。为了正确核算成本，正确的核算程序应该按照以下步骤进行：

1. 确定成本计算对象

成本计算对象是指在成本核算过程中，归集和分配费用的承担者。成本核算离不开核算的对象，因为只有确定成本核算对象后，才能归集分配费用，核算该对象的成本。

2. 确定成本计算期

成本计算期是指成本核算的间隔期。通常情况下，根据企业生产组织的特点，决定产品生产成本的计算期，而材料采购成本和产品销售成本是一个月计算一次。如果商业企业进行大量大批生产，其成本计算期和会计期间需要具体问题具体分析；如果商业企业进行小批单件生产，虽然产品完工时间不一定在月末，但是其成本计算期和生产周期是一样的，因此，成本计算期和会计期间也不相同。

3. 根据各种费用的经济用途来确定成本项目

在工业企业生产经营中，发生的耗费不同，其用途也不同，有的用于产品生产，有的用于管理和组织生产。在制造成本法下，产品制造成本项目的内容如图 1–6 所示。

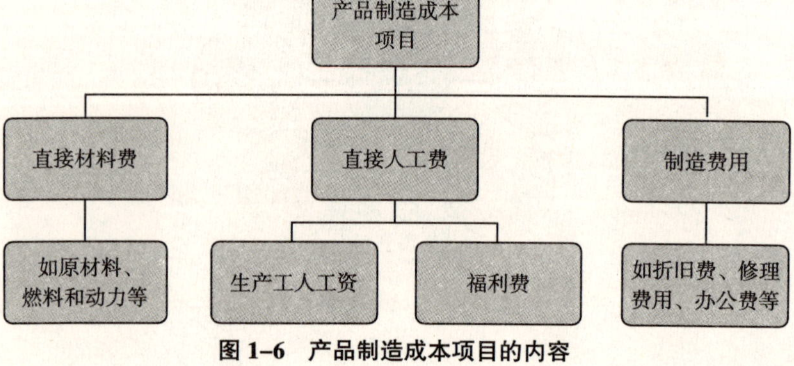

图 1–6 产品制造成本项目的内容

根据成本项目归集和分配费用，并核算产品成本，能够明确成本费用的使用情况和成本的构成，以便分析成本升降的原因。

4. 成本费用按成本核算对象进行归集和分配

在正确地归集和分配费用时，需要注意以下几点：

（1）只有遵守成本开支范围，划清费用的补偿界限，才能保证成本内容的准确性。

（2）为了均衡各期成本负担，正确核算盈亏，需要根据权责发生制原则，划清成本费用的受益期。

（3）为了保证各种产品成本核算的准确性，需要根据成本分配受益原则分清成本费用的对象。

（4）如果不能直接归集某种成本核算的费用，在计入成本之前，必须按照受益原则分配；如果能够直接归集的费用则直接归集。

5. 将费用根据完工产品和在产品进行分配

完工产品是指成本计算期和生产周期相同的产品。在计算产品生产成本时，成本计算期和生产周期不同，既有完工产品又有在产品，则必须根据成本核算对象归集的生产费用，分配完工产品和在产品，从而确定完工产品的成本。

6. 编制成本计算表

根据成本核算对象设置并登记成本计算单，编制成本计算表。

工业企业成本核算的程序如表 1–1 所示。

三、成本核算的账户设置

对产品成本的总分类核算之前，必须设置“生产成本”总分类账户和“制造费用”总分类账户。在“生产成本”总账中设置“基本生产成本”明细分类账户和“辅助生产成本”明细分类账户。

1. “基本生产成本”明细分类账户

基本生产所产生的费用，计入该明细分类账户的借方，完工入库的产品

表 1-1　　　　　　　　工业企业成本核算的程序

<table>
<tr><td colspan="8">工业企业费用</td></tr>
<tr><td colspan="7">生产经营管理费用</td><td rowspan="2">非生产经营管理费用</td></tr>
<tr><td colspan="4">本月生产费用</td><td>本月经营管理费用</td><td>预付账款、长期待摊费用</td><td>应付账款、应付利息等</td></tr>
<tr><td>A 种产品生产费用（按成本项目反映）</td><td>B 种产品生产费用（按成本项目反映）</td><td colspan="2">C 种产品生产费用（按成本项目反映）</td><td>销售费用、管理费用、财务费用直接计入当月损益</td><td>摊入本月和以后各月成本、费用</td><td>预提计入成本、费用</td><td>计入固定资产价值或由特定资金来源开支</td></tr>
<tr><td>完工产品成本（全部完工）</td><td>在产品成本（全部未完工）</td><td>完工产品成本</td><td>在产品成本</td><td></td><td></td><td></td><td></td></tr>
</table>

成本，计入该明细分类账户的贷方。

2.“辅助生产成本”明细分类账户

辅助生产不仅包括提供的工具、修理用备件等产品，还包括运输、修理等劳务，这些辅助生产所产生的费用，应借记“辅助生产成本”科目；从完工入库产品的成本转出的劳务费用，计入该明细分类账户的贷方；该账户余额是辅助生产在产品的成本。

3.“制造费用”账户

通过“制造费用”账户，将制造费用进行归集和分配。该账户应根据不同的部门设置明细账，根据费用项目设置专栏。发生制造费用时，应按有关凭证将制造费用的增加计入该账户的借方；月末，应按归集的制造费用，分析和考核其计划的执行情况，分配并从贷方转出，计入各种产品成本。

4. 其他有关账户

其他有关账户主要分为两种：一种是设置“销售费用”、“管理费用”和“财务费用”总分类账户，以便归集和结转产品的销售和财务费用；另一种是设置“预付账款”、“长期待摊费用”、“应付账款”等总分类账户，以便归集和分配待摊和预提费用。

习题：

1. 成本核算的要求和原则是什么？
2. 简述成本核算的一般程序。
3. 简述成本核算的账户设置。

第二章　工业会计建账、记账全攻略

第一节　工业会计建账攻略

本节关键词：

建账、账簿、建账攻略

本节内容提要：

(1) 了解账簿和建账的概念。

(2) 掌握建账前需要考虑的问题。

(3) 掌握建账攻略的方法。

每个企业都需要进行建账，无论是商业企业，还是工业企业，都具有相同的建账和账簿的基本知识。本节主要讲述工业企业会计建账的方法，主要是建账和账簿的基本概况，工业企业建账的注意事项和方法，为读者轻松掌握建账技巧奠定基础。

一、建账的基本概述

每个企业在年度开始时，会计人员都会根据核算工作的需要进行建账。

工业企业同样需要进行建账，那么，什么是建账呢？

工业企业的建账与其他企业建账基本相同，都是会计人员根据企业的核算要求设置应用账簿，然后登记账簿，登记账簿的主要依据是工业企业日常的业务情况和处理程序。为了方便计算，一般工业企业在实际工作中，常常把当月月末或下月月初作为建账基准日。

账簿是建账的基础，因此，学习建账就需要了解账簿。

账簿有一定的格式和相互联系的账页，是用来系统、全面地记录企业经济管理事项的会计簿籍。它可以全面反映企业在一定时期内的各项资金运动，也可以清晰地反映企业不同的经济信息。

账簿的分类如图 2-1 所示。

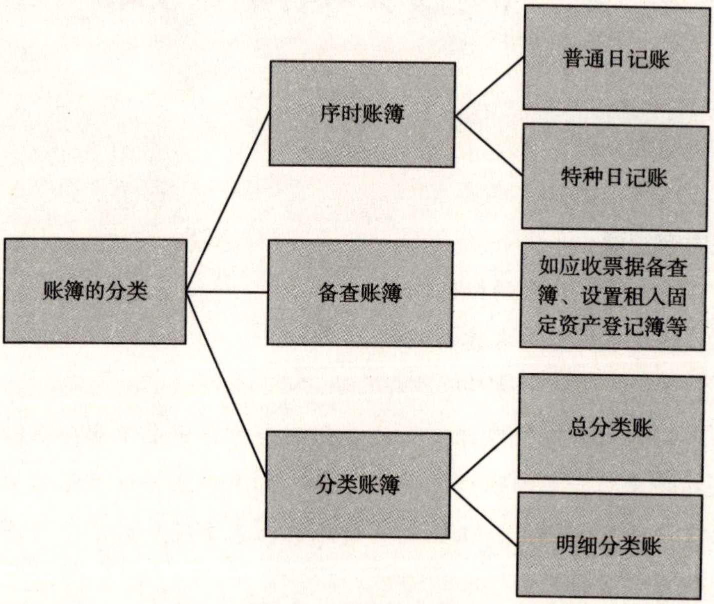

图 2-1　账簿的分类

账簿的分类有很多种，但无论哪一种账簿都具备封面、扉页和账页等内容。

对账簿有了一定了解之后，建账就没有那么难了，那么，在建账之前每个会计人员都需要考虑哪些问题呢？建账前的注意事项如表 2-1 所示。

表 2–1　　建账前的注意事项

建账前的注意事项	需要设置的基本账簿	(1) 银行存款日记账 (2) 现金日记账 (3) 活页明细账 (4) 总分类账
	账簿设计的原则	(1) 应根据企业规模和会计分工设置账簿 (2) 应与会计报表指标相衔接 (3) 应依据账务处理程序 (4) 应依据企业管理需要
	如何购买账簿和账页	账页格式有多种，一定要根据自己的需要选择账页格式
	其他注意事项	(1) 使用蓝黑或碳素墨水笔填列账目内容 (2) 按年缴纳印花税，由会计人员自行计算、加盖印鉴、贴花、画线注销

二、建账的方法

建账是一种会计业务能力的具体体现，它能够反映会计人员对企业业务活动的熟悉情况，因此，建账前考虑以上问题，掌握企业建账方法很有必要。但在实际工作中，不同的企业，其建账方法也各不相同，而工业企业会计建账方法有以下四种：

1. 工业企业必须具备的两种账簿

现金日记账和银行存款日记账是工业企业必须具备的两种账簿。一般来讲，两种账簿各一本就够了，但有的工业企业开设了多个银行存款账号，会计人员就需要视企业的具体情况而定了。其大体流程如下：

(1) 填制扉页上的内容。

(2) 核对首笔现金来源和银行存款来源。

(3) 填制现金日记账和银行存款日记账。

2. 总分类账的设置

工业企业或单位可以根据业务量的大小购买一本或几本总分类账，一般情况下，工业企业无须一个科目设一本总账，设置总账的依据是企业涉及的业务和会计科目。依据业务量的大小，会计人员用口取纸把总账分开，并且在口取纸标注所有的会计科目名称。假如现金业务在总账账页的第 1~30 页，我们就应该在目录中写清楚“现金……1~30”，并在总账账页的第一页贴上写有“现金”的口取纸；以此类推，总账就设置好了。

如果在使用总账账页时，以资产、负债、收入等顺序来分，并选用不同颜色的口取纸来区分，会更方便登记总账。

由于工业企业会计核算的账户较多，因此需要总账账簿多一些，会计人员在购买时需要多买几本。并且只有工业企业的存货和成本计算相互配合，才能把总账设置好。

3. 明细账的设置

工业企业在会计制度规定的范围之内设置明细账的时候，必须根据自身的管理需要和实际需要设置。其中明细账主要有长期投资、短期投资、应收账款、应付账款及应付职工薪酬等，有时候工业企业的总账不同，也需要增加相应的明细账。例如，工业企业采用材料按实际成本计价时，就要设置不同来源的材料的明细账，这样便于核算实际成本。当工业企业采用计划成本计价时，则应当采用横线登记法设置材料采购明细账，按照材料的不同规格、型号进行登记，并且材料成本的差异通过实际成本和计划成本的差异反映出来。

设置基本生产成本明细账便于计算产品成本，工业企业可以按产品的品种、类别、生产工序设置明细账，而辅助生产成本明细账的设置需要根据辅助生产部门设置。制造费用明细账的设置根据制造费用核算的内容设置，它是所有工业企业必不可少的设置。损益类明细账有产品销售成本、管理费用、营业外收入和支出等。产品销售收入和成本明细账的设置根据产品的品种、类别来设置，其他的费用、收入支出都可以按照费用的种类设置。

4. 其他问题

因为工业企业的成本计算的复杂性，因此当工业企业建账的时候，设计一些计算表格可以方便凭证的编制，如工资费用计算表、废品损失计算表、材料费用分配表等相关成本计算表格。

建账复杂也简单，只要考虑以上的问题和方法，按照建账流程，就可以有条不紊地工作，从而在会计行业游刃有余。建账流程如图 2-2 所示。

步骤一：（1）准备各种账簿
（2）预备有关账页
（3）备置账夹装订成册

步骤二：（1）将单位和账簿名称、册数、编号、启用日期、记账人员姓名等填写在账簿启用表上
（2）会计人员变动时，应注明交接日期和交接人姓名，并通过交接双方签名或盖章，以明确责任

步骤三：（1）建立总账账户
（2）建立二级、三级明细账户
（3）结转上年账户余额

步骤四：（1）将活页账簿按顺序编号
（2）编制账户目录
（3）贴上账户标签

图 2-2　建账流程

第二节　原始凭证的填制和审核

本节关键词：

原始凭证的内容、原始凭证的填制方法、审核原始凭证

本节内容提要：

（1）了解原始凭证的基本内容。

(2) 掌握原始凭证的填制方法和要求。

(3) 了解原始凭证的审核内容。

(4) 掌握审核原始凭证的方法。

编制原始凭证是每个企业不可缺少的环节，工业企业也不例外。在工业企业发生经济业务时，工业会计如何填制原始凭证，如何审核原始凭证，是本节学习的重点内容。本节从最基本的概念开始讲述原始凭证的内容，进而介绍工业企业会计原始凭证的填制方法，审核原始凭证时应注意的问题以及审核的方法，由浅入深，便于读者理解。

一、原始凭证的基本内容

在会计实务中，人们常常容易忽略编制凭证和记账的重要性。编制凭证和记账看似简单，实则不然，要想做好它，需要足够的耐心和细心，稍有不慎，就会出现差错，给公司造成不必要的麻烦和损失。

因此，做好编制凭证和记账这一环节也很重要。原始凭证在记账工作中属于重要的原始依据，因此原始凭证具有法律效益，会计人员填制原始凭证的时间是经济业务发生或完成之后。其实，工业企业的原始凭证与其他企业的原始凭证相同，只要了解原始凭证的内容并掌握原始凭证的填制方法和要求，就可以填制任何企业的原始凭证。

企业经济业务多样、复杂，但是万变不离其宗，虽然原始凭证格式非常多，种类也各不相同，但无论哪一种原始凭证，它的基本内容都包含以下几项：

(1) 原始凭证名称，如收料单、分割单、领料单等。

(2) 填制凭证日期。填制凭证的日期能够表明这项经济业务的发生时间，是必须填写的。

(3) 接收单位的名称要写全称。

(4) 填制凭证单位的名称或填制人姓名。

(5) 经济业务的内容要填完整，如数量、单价、金额等。

(6) 经办人员的签名或盖章。在原始凭证上扣印编制单位的章、经办人员签名或章，是为了明确责任。

(7) 凭证附件。补充相关内容以满足企业经营管理的需要。

以原始凭证分割单为例说明，如图 2-3 所示。

原始凭证分割单（A）

凭证分割名称： 分割日期： 单位：元

填制凭证单位名称：				接受分割单单位名称：				
序号	分割类别	经济业务内容	分割前总额	单位	分割量	单价	分割金额	备注
1								
2								
3								
4								
5								
6								
7	分割金额合计大写							

说明：本分割单一式两份，填制单位一份，接受单位一份。

填制人： 经办人： 接收人：

图 2-3 原始凭证分割单格式

二、原始凭证的填制要求和方法

无论工业企业选用哪种原始凭证，都必须遵守填制原始凭证的基本原则和要求，那就是都必须在经济业务发生时直接填制。及时地填制原始凭证能够提供明确的经济业务信息，准确、清晰地反映经济业务的真实情况，提高会计核算的质量。在填制原始凭证时，应符合记录真实、书写清晰整洁、连续编号、填制及时的基本要求。

原始凭证的填制方法可以用图 2-4 表示。

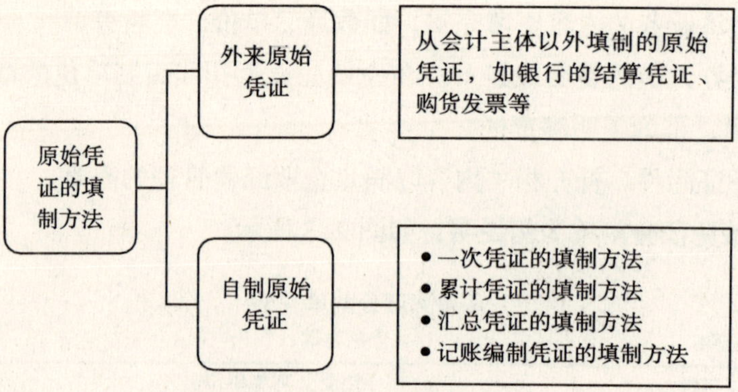

图 2–4　原始凭证的填制方法

因为外来原始凭证都是税务局等部门统一印制，并且在填列时直接填列，因此，外来凭证的法律效力只有一次。如果原始凭证是工业企业内部自制的，则填制人员为会计主体内部的经办人员，按照会计人员填制手续的不同，把自制原始凭证的填制方法分为：一次凭证的填制方法、累计凭证的填制方法、汇总凭证的填制方法和记账编制凭证的填制方法。

1. 一次凭证的填制方法

在经济业务发生时，由经办人一次填制完成。

以“收料单”为例来说明，如图 2–5 所示。

A 企业收料单

供货单位：　　　　　　　　　　年　月　日

材料种类	材料编号	材料规格	计量单位	数量		金额（元）				备注
				应收	实收	单价	买价	运输	合计	
合计										

供货单位负责人：　　　　　　生产部门负责人：　　　　　　仓库保管员：

图 2–5　收料单格式

2. 累计凭证的填制方法

在一定时期内，连续记录相同经济业务的发生情况的自制原始凭证为累计凭证。

3. 汇总凭证的填制方法

在一定时期内，根据反映同类经济业务情况的多张原始凭证，经过汇总编制，集中反映某项经济业务的发生情况。汇总凭证可以简化会计核算工作，便于对经济业务进行分析比较。

以“发料凭证汇总表”的格式为例说明，如图 2-6 所示。

发料凭证汇总表

年　月　日　　　　单位：元

会计科目	领料部门	领用材料			
		A 材料	B 材料	C 材料	合计
生产成本					
辅助生产成本					
制造费用					
管理费用					
合计					

图 2-6　发料凭证汇总表格式

4. 记账编制凭证的填制方法

工业会计人员会将一定时期内的某一账户的登记结果进行归类、整理，以满足会计核算的需要。

三、原始凭证的审核

为了确保会计资料的真实正确性，在核算工业企业会计的工作中，必须认真审核原始凭证。怎样审核原始凭证呢？主要包括以下三个内容：

1. 审核原始凭证是否合理、合法和真实

主要核实所记录的经济业务是否符合国家的有关规定；原始凭证记录是否真实、合理；审批手续是否齐全。审核中若出现不符合上述情况的，会计人员应不予受理。

2. 审核原始凭证是否正确

审核凭证内容是否符合规定要求，包括文字和数字是否真实、清楚，填写的项目是否齐全，有关人员是否签名盖章等。审核中若有手续不完备或错误的凭证，应退回，要求经办人员予以补办手续或更正错误。

3. 审核原始凭证是否完整

审核内容填写是否齐全，有无遗漏的项目；审核填写是否符合要求，大、小写金额是否相符等。

审核原始凭证是工业会计人员核算时的重要环节，应注意原始凭证中常出现的错误和舞弊，以避免编制记账凭证时出错。

原始凭证中容易出现以下几项错误：

（1）内容记账不清，或故意掩盖事实真相。

（2）无收款单位盖章。

（3）数量、单价与金额不符。

（4）模仿领导笔迹签字冒领，进行贪污作弊。

（5）在整理、粘贴原始凭证时，进行作弊。

另外，在审核原始凭证时，工业会计人员应坚持原则，针对不同的情况采取不同的措施；认真执行《会计法》中的制度要求，做好会计职责和权限；对于内容不完整、手续不全、数字有误的原始凭证，会计人员应及时退回，请其补办手续或更正；一旦发生伪造、涂改原始凭证等违法事项，会计人员必须扣留原始凭证，并及时对上级进行汇报，追究责任。

第三节　填制记账凭证的诀窍

本节关键词：

记账凭证的内容、记账凭证的填制方法、审核记账凭证

本节内容提要：

（1）了解记账凭证的基本内容和分类。

（2）掌握记账凭证的填制方法和要求。

（3）了解记账凭证的审核内容。

本节主要介绍工业企业会计记账凭证的填制方法以及记账凭证的审核内容，通过图表清晰明了地讲述记账凭证在填制过程中应该注意的格式和要求。要想做到记账凭证准确无误，必须严格按照记账凭证的填制要求来填制，并通过认真审核，才能据以记账。

一、记账凭证的分类和内容

原始凭证审核无误后，由工业会计人员对原始凭证进行归类整理，然后编制记账凭证，这是登记账簿的直接依据。

虽然记账凭证的种类繁多、来源不同，但无论哪一种记账凭证，都具备以下基本内容：①记账凭证的名称。②填制凭证的日期。③记账凭证的编号。④经济业务的内容摘要。⑤经济业务应借、应贷的账户名称。⑥记账标记。⑦所附原始凭证的张数。⑧制证、审核、记账和会计主管的签名盖章。

记账凭证的分类如图 2-7 所示。

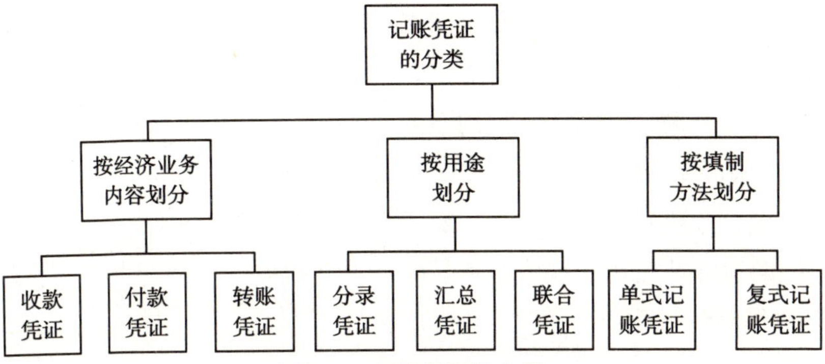

图 2-7　记账凭证的分类

二、填制记账凭证的要求

填制记账凭证时必须内容正确，格式统一，填写及时，按照规定的要求书写清楚，摘要简练。填制记账凭证的具体要求如下：

(1) 正确编号。填制记账凭证时，应对记账凭证进行编号，以便日后对账和核查时，能够一目了然地分清先后顺序。记账凭证的编号方法有很多种，一般采用多种凭证，按现金收入或支出、银行存款收入或支出、转账五类进行编号。记账凭证根据企业规模大小、业务繁简和分工情况进行编号，因此编号方法有很多种，但无论哪种编号方式，都应按月顺序编号，即每月从第 1 号开始，编制月末，不可跳号和漏号。

(2) 准确填写日期。一般在填写记账凭证时，应填写当天日期；当按权责发生制原则填写记账凭证时，应填写当月月末的日期；如果是工业会计人员自制的转账业务的记账凭证，则应填写当月最后一天的日期；银行付款业务的记账凭证，一般根据银行付账日期或承付的日期填写。

(3) 必须附有原始凭证。若一张原始凭证关联到几张记账凭证，只需将原始凭证附在最主要的一张记账凭证上，并在其他几张记账凭证上附上复印件，或是注明该原始凭证的编号就可以了。

(4) 在填制记账凭证时，若发生错误，应重新填制。

(5) 经济业务事项填制完成后，若记账凭证有空行，应在金额栏最后一笔金额数字和合计数上的空行处之间画线注销。

(6) 记账凭证要按照规定的要求，统一格式，不可轻易更换，否则会引起凭证传递、编号、保管等方面的混乱。

(7) 编制会计分录要正确，并保证借贷平衡。

(8) 内容摘要要与原始凭证一致，表述应简短精练。

(9) 若收入或付出的经济业务只涉及现金和银行存款，则应以付款业务为主，只填制付款凭证。

三、记账凭证的填制方法

1. 专用记账凭证的填制

用来专门记录某一项经济业务的记账凭证称为专用记账凭证，按照其反映的经济业务内容，可分为收款凭证、付款凭证和转账凭证三种。

（1）收款凭证的填制方法。收款凭证是专门反映现金和银行存款收入业务的。所有使现金、银行存款增加的业务，在填制收款凭证时，都要按现金、银行存款收入的原始凭证进行填制。

收款凭证的格式如图 2-8 所示。

收款凭证

借方科目：　　　　　　　　年　月　日　　　　　　　　字第　号

摘要	贷方科目		金额										记账
	总账科目	明细科目	千	百	十	万	千	百	十	元	角	分	
合计													

财务主管：（盖章）　记账：（盖章）　出纳：（盖章）　审核：（盖章）　制单：（盖章）

图 2-8　收款凭证的格式

在收款凭证的左上方的借方科目应填列“库存现金”或“银行存款”科目；右上方填写凭证编号，在填写编号时要按顺序编写，不得漏号、错号。按编制凭证的日期填写收款凭证上方的年、月、日；“金额”栏应填写经济业务发生的实际数额。“记账”栏可以用“√”注明已结账，“摘要”栏填写经济业务的内容。

（2）付款凭证的填制方法。付款凭证是用来反映货币资金付款业务的。所有使现金、银行存款减少的业务，在填制付款凭证时，都要按现金、银行存款支出的原始凭证进行填制。付款凭证的填制方法基本与其他收款凭证相同，只有付款凭证的左上方的贷方科目需要自行填列。

(3) 转账凭证的填制方法。在转账凭证中，根据“借方科目”和“贷方科目”，以借方在先、贷方在后为顺序，分别填列。借方科目和贷方科目应当都在“金额”栏的同一行填列，且金额数额应当相等。

2. 通用记账凭证的填制

通用记账凭证的填制方法和格式与转账凭证相似，通用记账凭证适用的工业企业应当具备业务量少、凭证不多的特点。

3. 汇总记账凭证的填制

(1) 汇总收款凭证的填制。根据“库存现金”和“银行存款”科目的借方，汇总一定时期的收款业务，并分别设置汇总记账凭证，这一凭证被称为汇总收款凭证。汇总收款凭证的格式如图 2-9 所示。

汇总收款凭证

借方科目：　　　　　　　　　　年　月　　　　　　　　　　字第　号

贷方科目	金额				总账页数	
	1~10 日	11~20 日	21~30 日	本月合计	借方	贷方
	第 1~5 号	第 6~9 号	第 10~13 号			
库存现金						
应收账款						
短期借款						
实收资本						
合计						

财务主管：(盖章)　记账：(盖章)　出纳：(盖章)　审核：(盖章)　制单：(盖章)

图 2-9　汇总收款凭证的格式

(2) 汇总付款凭证的填制。汇总付款凭证根据借方科目加以归类汇总，定期填列，每月填制一张。月末，计算其合计数，分别填制总分类账的贷方和借方。

(3) 汇总转账凭证的填制。按对应的借方科目进行汇总，同汇总付款凭证类似，定期填列，每月填列一张。月末，计算其合计数，分别填制各个总账的贷方和借方。

(4) 记账凭证汇总表的填制。一般情况下，如果工作量很大，在登记总账前，先填制记账凭证汇总表。

四、记账凭证的审核

记账凭证编制完成后，除了需要编制记账凭证的人员加以自审以外，还需要经过专人审核，以保证记账凭证的正确性。

审核的主要内容有以下几个方面：

（1）记账凭证的有关项目是否填写齐全，有关人员是否签名盖章。

（2）是否附有原始凭证，所附原始凭证的手续是否完备，与记账凭证的内容、张数、金额是否一致。

（3）会计科目的使用是否准确无误，账户的对应关系是否正确清晰，是否遵循国家会计制度的规定。

（4）应借、应贷科目的名称、金额等是否正确，科目对应关系是否清晰。

在审核记账凭证过程中，若发现有错误或不符合要求，应按规定重新填制或更正。经专人审核无误后，记账凭证才能据以记账。

习题：

1. 简述填制记账凭证的要求。
2. 记账凭证的填制方法有哪些？
3. 记账凭证的审核内容是什么？

第四节　账簿的设置和登记

本节关键词：

账簿的作用和种类、账簿的设置和登记

本节内容提要：

（1）了解账簿的作用和分类。

(2) 掌握账簿的设置和登记遵循的原则。

(3) 熟知日记账的设置和登记。

(4) 熟知分类账的设置和登记。

本节主要介绍了账簿的重要作用、账簿的具体分类以及各种账簿的设置和登记的不同格式。另外，在记录账簿时，我们还需注意登记的格式，应该遵循的原则。只有这样，才能保证会计信息的准确性，才能全面、系统地反映企业的经济业务活动情况。耐心、认真地学习本节内容，将会提高会计水平。

一、工业会计账簿的作用和种类

在前文，我们已经简单讲到了有关账簿的定义和分类，接下来会具体讲述账簿的重要作用。

在会计实务中，设置和登记账簿能够系统地反映所记录的经济业务资料，在会计核算方法体系中具有重要地位。账簿根据会计凭证，需要系统地记录和全面地核算经济业务，它是会计信息的主要载体，也是编制会计报表的依据。为了保证会计信息的准确性，必须正确、合理地设置和登记账簿。

所以合理地设置和登记账簿，既有利于核算资料的全面系统性，又能正确及时编制会计报表，从而及时发现企业经营管理存在的问题，正确分析企业财务状况以及发展前景，促进企业经济效益的提高。

账簿的种类繁多，按照不同标准可以分为三类，如图 2-10 所示。

二、账簿的设置与登记

会计账簿的种类繁多，既有区别又有联系。任何企业都应根据企业的规模和特点以及企业经营管理的情况来设置账簿。

因此，为了正确记录和核算工业企业的经济业务，工业企业必须设置合

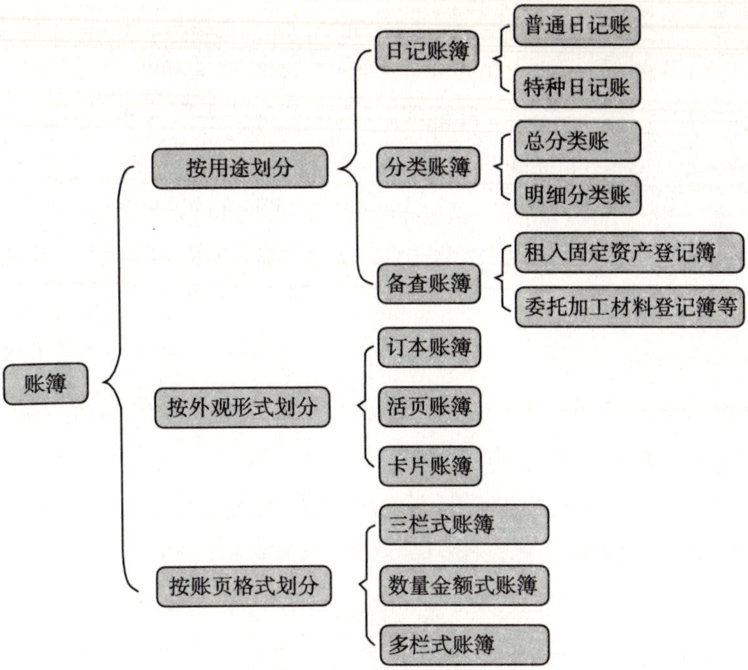

图 2–10　账簿的分类

理的会计账簿。工业会计账簿的设置与其他企业的账簿设置一样，不仅要便于记账、算账，还要严密精简，避免重叠和遗漏，节约人力物力，提高经济效益。

因此，在设置账簿及登记的时候，一定要遵循相应的基本原则：

(1) 符合会计制度的相关规定。

(2) 组织应严密、层次分明。账簿与账簿之间必须能够全面、清晰地记录核算的经济业务情况，提供系统的会计资料。

(3) 为了方便账簿的分工，记账、算账和报账等工作，要求设置账簿一定要严密精简、减少重复和烦琐。

在会计实务中，工业企业管理上对会计资料的要求越来越高，记账的分工也越来越严密。因此，日记账也发生了从简单到复杂的变化。现在常用的是普通日记账和特种日记账。

1. 普通日记账

作为序时账簿的一种，普通日记账需要每天登记经济业务的发生情况。工业企业一般只设置一本普通日记账。工业企业每天发生的经济业务都应该由工业会计人员登记在普通日记账中，然后再过入分类账，并以“√”符号在“过账”栏内加以注明。虽然普通日记账全面系统地反映了工业企业的经济活动情况，但是普通日记账无法对经济业务进行归集，导致其容量过于庞大。

2. 特种日记账

与普通日记账不同的是，特种日记账将经济业务进行归集、逐项登记。最常见的特种日记账有以下两种。

(1) 现金日记账。现金日记账是专门逐日逐笔登记库存现金的收支和结存情况的一种日记账簿。其具体的账页格式如图 2-11 所示。

现金日记账

年		凭证		摘要	对应科目	收入	支出	结余
月	日	收款	付款					
				本日合计				

图 2-11　现金日记账的账页格式

现金日记账的账页设计采用三栏式，“收入”栏应根据现金收款凭证以及银行存款付款凭证登记，“支出”栏应根据现金付款凭证进行登记。

按日结出每日余额，并登记在收入合计栏内，在“摘要”栏注明“本日合计”字样，然后，核对现金日记账与库存现金实存数是否一致，确保无误。

月末，结算当期“收入”栏和“支出”栏的金额，并与“库存现金”总分类账户进行核对。如果出现不一致，应及时处理。

（2）银行存款日记账。银行存款日记账是银行存款收、付款凭证经过出纳人员的审核确定无误后，序时逐笔进行登记，以反映银行存款收支和结余情况的一种日记账簿。其格式与现金日记账相同，也采用三栏式和多栏式两种；为了方便核对，银行存款日记账比现金日记账多设置了“记账凭证”、“种类”、“号数”等栏。

另外，分类账是会计账簿的主体，也是编制会计报表的依据。任何会计核算企业，无论其规模大小、业务繁简，都必须设置总分类账。因此，要特别重视分类账的设置和登记。

1. 总分类账

总分类账通常采用订本式账簿，由“借方”金额栏、“贷方”金额栏和“余额”栏组成账页，根据会计科目的编号分设账户，并且每个账户都预留若干账页。工业企业可以根据需要设置“对方账户”栏。总分类账的登记时间可以逐日逐笔登记，也可以在月末汇总登记，它主要是根据工业企业会计的核算程序来登记的。

2. 明细分类账

明细分类账是按照二级或明细科目设置的，它是对总账登记内容的补充，用来记录某类经济业务的明细变动情况的账簿。明细分类账能够提供详细、全面的各类经济业务的情况，有利于管理者的管理，并为编制财务报表提供详细的资料。因此，工业企业除了设置总分类账，还需设置明细分类账。

明细分类账一般采用三栏式、数量金额式和多栏式的格式，其账页格式应根据核算单位的管理需要来设计。

（1）三栏式明细分类账。与总分类账的格式相同，三栏式明细账设有“借方”、“贷方”和“金额”三个金额栏，不设数量栏。这种格式适用于只需核算金额，无须核算实物数量的科目，如“应收账款”、“应付账款”等。在填写三栏式明细分类账时，要根据记账凭证的相关栏目内容，并根据记账凭证或原始凭证中相关数字填写“借方”金额栏和“贷方”金额栏，并结出余额，标注余额性质。月末，结算出当月的发生额合计和期末余额。三栏式明细分类账的格式如图 2–12 所示。

三栏式明细分类账

二级科目或明细科目　　　　　　　　　　　　　　　　　　　　　　第　页

年		凭证号数	摘要	借方金额	贷方金额	借或贷	金额
月	日						

图 2–12　三栏式明细分类账的格式

（2）数量金额式明细账。在三栏式明细账的基础上，同时设有数量和金额而建立的明细分类账。如果核算对象的明细账户在核算的同时还要求核算数量，则适于采用三栏式明细分类账。如“原材料”、“库存商品”等。数量金额式明细账的具体格式如图 2–13 所示。

明细分类账

类　别：　　　　　　品名和规格：　　　　　　编　号：
计量单位：　　　　　存放地点：　　　　　　　最高储备量：
计划单价：　　　　　储备定额：　　　　　　　最低储备量：　　　　第　页

年		凭证号数	摘要	收入			发出			结存		
月	日			数量	单价	金额	数量	单价	金额	数量	单价	金额

图 2–13　数量金额式明细账的格式

（3）多栏式明细分类账。多栏式明细分类账不同于前两类明细分类账，它没有完全统一的格式，也没有按有关明细科目分设账页，而是根据经济业务的特点和管理需要，在一张账页上设置多个明细科目专栏，用以记录各有关明细科目的核算资料。制造费用明细分类账格式如图 2–14 所示。

制造费用明细分类账

会计科目： 第 页

年		凭证号数	摘要	借方					贷方	余额
月	日			工资和福利费	消耗材料	折旧费	办公费	合计		

图 2–14 制造费用明细分类账的格式

习题：

1. 账簿的设置和登记需要遵循的原则是什么？
2. 简述账簿的种类有哪些？
3. 简述总分类账、明细分类账在设置和登记方面有什么相同或不同之处。

第五节 工业会计的记账方法

本节关键词：

复式记账法、单式记账法、借贷记账法、试算平衡

本节内容提要：

(1) 了解常用的记账方法。

(2) 掌握借贷记账法的记账规则。

(3) 了解借贷记账法的试算平衡方法。

(4) 掌握错账的更改方法。

工业企业会计的记账方法与其他企业会计的记账方法基本相同，不同之处在于会计科目的设置。由于每个企业的业务不同、需求不同，因此，针对

不同的账务处理会记入不同的会计科目。本节主要介绍记账方法中常用的复式记账法，复式记账法的特点、分类、记账规则和试算平衡法，并简单介绍复式记账法与单式记账法之间的不同之处。另外，本节还具体讲述记账过程中常出现的错误的更改方法。

一、复式记账法

在会计实务中，为了记录经济业务，会计人员要通过核算和监督，按照一定原则设置账户和会计科目。在记录经济业务数据时，需要采用一定的记账方法。

对于客观发生的经济业务，一般采用记账方法登记入户。记账方法分为单式记账法和复式记账法两类。

单式记账法是一种仅仅在一个账户中登记发生的经济业务的记账方法。采用这种方法时，要考虑银行存款、现金等方面发生或完成的经济业务。

归纳起来，主要有以下两种情况：

（1）现金、银行存款的收付等发生的经济业务，只能反映在一个账户上。

（2）未收回、未偿还的现金以及银行存款收回、偿还时，可以同时反映在两个账户上。

由于单式记账法手续简单，账户的设置不完整，无法反映账户与账户之间的关系，缺乏平衡关系。因此，不能完整、系统地反映经济业务，也难以检查账簿记录是否完整和正确。

然而，相对于单式记账法而言，复式记账法是一种更科学的记账方法，它更能满足经济管理的需要。它是由单式记账法演变而来的，是指对任何一项经济业务发生的发生额，在多个有关的账户中进行登记的一种方法。

复式记账法是以会计等式作为记账基础，对于每一项经济业务，都要以相等的金额登记在多个相互联系的账户中，以便系统地反映经济业务的运动变化情况。在企业的经营活动过程中，一般情况下，任何一项会计事项的发生都会引起资金项目的增减变动，但并不会打破资产与权益之间的平衡关系。因此，会计人员利用这一事实指导，来检验账户记录的正确性。

由于复式记账法的构成要素不同，可以将其分为三类，如表 2–2 所示。

表 2–2 复式记账法的分类

借贷记账法	一种最复杂、运用最广泛的方法。其特点是： (1) 记账符号："借"、"贷" (2) 记账规则："有借必有贷、借贷必相等" (3) 平衡公式：资金占用总额与资金来源总额相等
增减记账法	由单式记账法逐步演变来的一种方法。其特点是： (1) 记账符号："增"、"减" (2) 记账规则："两类科目记同增同减，同类科目记有增有减" (3) 平衡公式：差额平衡公式
收付记账法	与增减记账法一样，也是由单式记账法逐步演变而来的，其分为单式收付记账法和复式收付记账法。单式收付记账法的特点是： (1) 会计科目："钱物类" 和 "收付类" (2) 记账规则："两类科目，同收同付；同类科目，有收有付" (3) 平衡关系：收入–付出=结存 复式收付记账法的特点是： (1) 会计科目："资金来源类"、"资金运用类" 和 "资金结存类" (2) 记账规则："资金结存总额增加的业务，记同收；资金结存总额减少的业务，记同付；资金结存总额不变的业务，记有收有付" (3) 平衡关系：资金来源 – 资金运用 = 资金结存

与单式记账法相比，复式记账法有两个明显的特征：第一，对发生的所有经济业务，都必须在相关账户上分类登记；第二，可以对记录结果进行试算平衡。采用复式记账法，能够全面、系统地反映经济业务的发生情况，并通过对会计要素的影响，来检查账户的记录是否准确。

复式记账法历史悠远，13、14 世纪的时候，就在意大利产生了，随着工业企业的不断发展，经济业务的内容也变得越来越复杂，到了 15 世纪，复式记账法已经完备，被用来反映资金项目的增减变化。与此同时，西方国家的会计学者提出了 "资产 = 负债 + 资本" 作为借贷记账法的理论依据。由此，确立了借贷的记账规则，成为世界各国普遍采用的一种科学的记账方法。

在采用借贷记账法时，记账规则可以分为三步来进行：

第一步，对于发生的经济业务，我们要分析其性质，判定其类型，然后确定有关的账户的类别。

第二步，判定使用的账户的名称以及该账户的金额的增减情况。

第三步，根据账户的结构，确定账户的借方和贷方，以及各账户应记的金额。

依照其记账规则，可以得知：工业企业所发生的会计事项在一定时期内的记账，所有账户的借方合计发生额等于所有账户的贷方合计发生额，这就是借贷平衡。另外，在借贷记账法下，试算平衡有两种方法：

1. 发生额平衡

在一定时期内，将所有账户的发生额依据试算平衡公式，通过编制试算平衡表进行试算平衡。

发生额平衡公式如下：

全部账户本期借方发生额合计 = 全部账户本期贷方发生额合计

2. 余额试算平衡

在一定时期内，将所有账户的期末余额依据试算平衡公式，通过编制试算平衡表进行试算平衡。

期末余额平衡公式如下：

全部账户的借方期末余额合计 = 全部账户的贷方期末余额合计

发生额余额试算平衡表的格式如图 2-15 所示。

会计科目	期初余额		本期发生额		期末余额	
	借方	贷方	借方	贷方	借方	贷方
合计						

图 2-15 发生额余额试算平衡表

二、错账的更改

在账簿的登记中，难免会出现错误。但是，在出现错误时，有时候不允许重新抄写，更不准涂改、刮擦或用一些药水消除字迹等做任何修改。在这种情况下，我们该如何更改错账呢？

我们必须按照规定的方法更改错账，错账的更改方法如表 2–3 所示。

表 2–3　　错账的更改方法

错账更改方法	适用范围	修改方法
划线更正法	记账凭证无误，而账簿记录中出现笔误	(1) 将错误的文字、数字划一条红线注销，写上正确的文字或数字，但原有字迹仍可辨认 (2) 由记账人员在更正处盖章。【注】对于错误的数字，应当全部划红线更正。对于错误文字，可只划去错误的部分
红字更正法	第一种适用情形：记账凭证上科目错误	(1) 用红字金额填写同样的凭证，冲销原来错误的记录 (2) 用蓝字编制一张正确的凭证，在“摘要”栏注明“补记某月某日账”，并据以登记入账
	第二种适用情形：记账凭证上科目无误，而所记金额大于应记金额	填写一张与原始凭证完全相同的记账凭证，将多记的金额用红字进行编制，并冲销多记的金额，据以记账
补充登记法	记账凭证上科目无误，而所记金额小于应记金额	填写一张与原始凭证完全相同的记账凭证，按少记的金额用蓝字编制，并弥补少记的金额，据以登记入账

习题：

1. 单式记账法与复式记账法有何不同？
2. 错账的更改方法有哪些？
3. 简述借贷记账法的记账规则和试算平衡。

第三章　工业企业经营业务的基本核算

第一节　存货会计实务

本节关键词：

存货、存货概念、存货意义、存货分类

本节内容提要：

(1) 掌握存货的概念。

(2) 了解存货的意义。

(3) 熟悉存货的分类。

存货是会计实务中一项重要核算，无论是物流企业还是商业企业，都需要对存货进行核算，工业企业也不例外。本节主要讲述了存货的概念，存货的意义和存货的分类，其中具体存货内容，会在以后章节中一一讲述出来。

一、存货的概念

工业企业在生产经营活动过程中尚未销售或使用的资产就是存货。企业资产包括生产材料、机器设备、工业产品、汽车、商品等多种实物，但是并非所有的资产都是存货，只有那些一年之内或者超过一年的但是在一个营业周期内可以销售或使用的资产才能成为存货。由此可知材料、商品等实物都属于存货，因为材料需要在一个生产周期内使用掉，工业产品、商品需要进行销售，但是机器设备、汽车之类的实物虽然也是用来使用，但它们的使用周期已经超过一年。由此也可以得出，存货属于工业企业流动资产。

存货包括很多，一般分为原材料、产成品、在产品、半成品、包装物、低值易耗品和商品。原材料又包括原料及主要材料、外购半成品、辅助材料、燃料、备品备件等实物。存货包括的内容如图 3-1 所示。

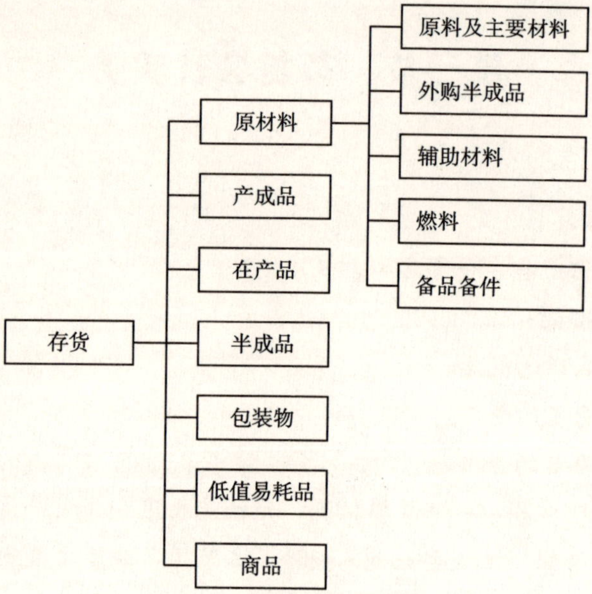

图 3-1 存货包括的内容

二、存货的意义

站在工业企业的角度看待存货，它是工业企业生产经营的内容、前提和条件。工业企业只有存储一定数量的存货，才能在生产经营活动中顺利地进行。站在会计的角度分析存货，它则是工业企业流动资金的重要组成部分，存货在工业企业的流动资产中占据较大比例，存货与工业企业的财务状况和经营成果密切相关，所以存货的意义重大。

1. 存货与工业企业的财务状况密切相关

存货与货币资金、短期投资等其他流动资产项目相比，其转现的能力比较弱。存货中的产品或商品必须通过销售才能转化成现金，而以原材料为代表的存货，必须通过消耗转化为产品或者服务才能成为产品，通过销售才能转化为现金。在转现期间，一旦发生供过于求的问题，那么存货转现的情况就会遇到困难。但是存货在流动资产中占据比例较大，如果不能正常流动，则企业整体转现的能力会受到影响，短期偿还债务的能力也将受到威胁，一旦债务到期，而工业企业无法偿还时，很可能引起债务危机，企业的生存会产生危机。

所以如果存货过多，而又无法转为现金，那么工业企业的资金周转速度会受到影响，财务状况自然也会受到影响。

2. 存货与工业企业的经营成果密切相关

工业企业的存货过多，不仅会对资金流转速度造成影响，也会造成工业企业的储存成本增加，储存成本包括保险费用、仓库租赁费用甚至存货变质等问题。但是工业企业存货不足，则不能满足工业企业正常的生产运行。一旦运行中断，工业企业的经济效益就会受到影响，并且存货量的减少会导致产品订购时的程序和各项费用开支也会增加，则企业的成本和利润都会受到影响。

三、存货的分类

一个工业企业的正常运转，需要不同类型、不同数量的存货。存货不同，其起到的作用也不一样，所以对存货的管理非常重要。在管理工程中，按照不同需求，对存货的分类也不同。不同行业的企业，分类也不相同，如在商业企业中，存货分为库存商品、材料物资、低值易耗品包装物等。按照存货内容，我们把工业企业的存货分为原材料、低值易耗品、包装物、在产品、半成品、产成品等。

1. 按照存货地点不同分类

按照存货地点不同，把存货分为库存存货、在途存货、委托加工存货、委托代销存货。

（1）库存存货是指工业企业已经验收入库的各种原材料和商品，或者已经制作完成的半成品或产成品。

（2）在途存货又称中转存货，指还没有达到目的地的存货。一般情况下，在途存货又分为运入在途存货和运出在途存货。运入在途存货指已经取得各种原材料的所有权，但是还没有运达仓库的外购存货。运出在途存货只是产品已经出售，但是尚未移交所有权的存货。

（3）委托加工存货是指工业企业委托其他企业进行加工，但是还没有收回的各种库存，委托加工存货包括委托加工材料。委托加工自制半成品和委托加工商品等实物。

（4）委托代销存货是指工业企业委托其他企业进行销售，但是还没有收取代销货款的存货。委托企业常常是商业企业，委托代销存货包括半成品、成品等实物。

2. 按照经济用途不同分类

按照经济用途不同，存货又分为制造业存货、商品存货和其他存货。

（1）制造业存货是指工业企业为了制造产品和提供劳务的存货。制造业存货改变了原来实物的形态和使用功能，在产品生产之前或期间使用。制造业存货包括原材料存货、在产品存货、产成品存货和制造用品存货。

（2）商品存货是指工业企业没有对购进商品进一步加工，而直接销售的存货。

（3）其他存货是指除制造存货和商品存货以外的存货，这是工业企业为了方便销售或加工产品，而进行生产服务过程中辅助性的物品。一般其他存货有包装物、低值易耗品等库存。

习题：

1. 存货的内容包括什么？

2. 存货有什么重要意义？

3. 熟悉存货的两种分类的具体内容。

第二节　收入的定义和确认条件

本节关键词：

收入的定义、收入的确认

本节内容提要：

（1）了解收入的定义。

（2）掌握销售商品收入的确认。

（3）掌握提供劳务收入的确认。

（4）掌握让渡资产使用权收入的确认。

本节介绍的内容有收入的定义和其确认条件，并重点讲述了收入的确认条件，包括销售商品收入的确认，提供劳务收入的确认，让渡资产使用权收入的确定。同时，具体介绍了收入的不同情况的确认条件，本节的讲述详细、易懂，只要专心学习，就可以轻松地掌握各种情况下收入的确认。

一、收入的定义

收入是工业企业弥补生产经营耗费的前提，也是维持工业企业财务状况的基石。没有收入，工业企业则不能生存和发展；没有收入，也就没有工业企业经营活动取得的成果。因此，收入是工业企业生存和发展的重要条件。

目前，会计文献中收入的定义有所不同。在国际会计准则《收入的确认》

中规定："收入是指一个企业在其正常活动中由于销售商品、提供劳务以及允许他人使用企业能产生利息、管理费收入和股利的资源而形成的现金、应收款项或其他等价物的总流入。"而在美国的《企业财务报表要素》中规定："收入是指一个主体因销售或生产商品、提供劳务或从事构成其持续的主要或中心经营活动的其他业务而形成的现金流入或其他资产增加，或负债清偿(或兼而有之)。"在我国《企业会计准则》中规定为："收入，是指企业在日常活动中形成的、会导致所有者权益增加的、与所有者投入资本无关的经济利益的总流入。本准则所涉及的收入，包括销售商品收入、提供劳务收入和让渡资产使用权收入。企业代第三方收取的款项，应当作为负债处理，不应当确认为收入。"

总之，无论是哪个国家规定收入的定义，都有两个基本特征：一个是随着收入的增加，企业的资产在增加，或者是负债的减少，事实上，是工业企业净资产的增加。另一个是收入的重要来源都是工业企业持续的主要经营活动。

二、收入的确认

收入的确认是按照一定的会计要素的条件，对某一项目是否应计入会计记录，并反映其财务报表的过程。在实务中，收入的确认主要是解决某一项目何时入账的问题，而与之相关的问题是计量，即实现非现金资源转化为货币。

在我国《基本会计准则》中采用的确认原则是："企业应当在发出商品、提供劳务，同时收讫价款或者取得索取价款的凭据时，确认营业收入。"而《企业会计准则》中则规定了具体的收入确认原则。

1. 销售商品收入的确认

销售商品收入只有同时满足《企业会计准则》中的规定时，才能予以确认。其规定如下：

(1) 企业已将商品所有权上的主要风险和报酬转移给购货方。

(2) 企业既没有保留通常与所有权相联系的继续管理权，也没有对已售出的商品实施有效控制。

(3) 收入的金额能够可靠地计量。

(4) 相关的经济利益很可能流入企业。

(5) 相关的已发生或将发生的成本能够可靠地计量。

另外，《企业会计准则》还规定：

企业应当按照从购货方已收或应收的合同或协议价款确定销售商品收入金额，但已收或应收的合同或协议价款不公允的除外。合同或协议价款的收取采用递延方式，实质上具有融资性质的，应当按照应收的合同或协议价款的公允价值确定销售商品收入金额。应收的合同或协议价款与其公允价值之间的差额，应当在合同或协议期间内采用实际利率法进行摊销，计入当期损益。

销售商品的其他收入的确认、包括销售商品涉及现金折扣的收入确认、销售商品涉及商业折扣的收入确认、发生销售折让的收入确认以及发生销售退回的收入确认。

(1) 销售商品涉及现金折扣的收入确认。在《企业会计准则》中规定："销售商品涉及现金折扣的，应当按照扣除现金折扣前的金额确定销售商品收入金额。现金折扣在实际发生时计入当期损益。现金折扣，是指债权人为鼓励债务人在规定的期限内付款而向债务人提供的债务扣除。"

(2) 销售商品涉及商业折扣的收入确认。在《企业会计准则》中规定："销售商品涉及商业折扣的，应当按照扣除商业折扣后的金额确定销售商品收入金额。商业折扣，是指企业为促进商品销售而在商品标价上给予的价格扣除。"

(3) 发生销售折让的收入确认。在《企业会计准则》中规定："企业已经确认销售商品收入的售出商品发生销售折让的，应当在发生时冲减当期销售商品收入。销售折让，是指企业因售出商品的质量不合格等原因而在售价上给予的减让。销售折让属于资产负债表日后事项的，适用《企业会计准则第29号——资产负债表日后事项》。"

（4）发生销售退回的收入确认。在《企业会计准则》中规定："企业已经确认销售商品收入的售出商品发生销售退回的，应当在发生时冲减当期销售商品收入。销售退回，是指企业售出的商品由于质量、品种不符合要求等原因而发生的退货。销售退回属于资产负债表日后事项的，适用《企业会计准则第29号——资产负债表日后事项》。"

2. 提供劳务收入的确认

提供劳务的期间，工业企业提供劳务的交易结果能够准确估计的，应采用完工百分比法确认。其中，《企业会计准则》中规定提供劳务收入的确认条件如下：

（1）收入的金额能够可靠地计量。

（2）相关的经济利益很可能流入企业。

（3）交易的完工进度能够可靠地确定。

（4）交易中已发生和将发生的成本能够可靠地计量。

不具备上述条件的，应采用完成合同法确认。如果将本企业的资产提供他人使用，则所取得的收入应根据不同情况进行处理。《企业会计准则》中规定：

企业应当按照从接受劳务方已收或应收的合同或协议价款确定提供劳务收入总额，但已收或应收的合同或协议价款不公允的除外。企业应当在资产负债表日按照提供劳务收入总额乘以完工进度扣除以前会计期间累计已确认提供劳务收入后的金额，确认当期提供劳务收入；同时，按照提供劳务估计总成本乘以完工进度扣除以前会计期间累计已确认劳务成本后的金额，结转当期劳务成本。

除此之外，工业企业提供劳务交易的结果不能准确估计的，应根据《企业会计准则》的规定进行处理。其规定分两种情况：

（1）已经发生的劳务成本预计能够得到补偿的，按照已经发生的劳务成本金额确认提供劳务收入，并按相同金额结转劳务成本。

（2）已经发生的劳务成本预计不能够得到补偿的，应当将已经发生的劳务成本计入当期损益，不确认提供劳务收入。

3. 让渡资产使用权收入的确认

让渡资产使用权收入有两种，即利息收入和使用费收入。让渡资产使用权收入只有一并满足《企业会计准则》中规定的条件，才能予以确认。其规定为：

（1）相关的经济利益很可能流入企业。

（2）收入的金额能够可靠地计量。

《企业会计准则》还规定让渡资产使用权收入金额的确认，其规定为：

（1）利息收入金额，按照他人使用本企业货币资金的时间和实际利率计算确定。

（2）使用费收入金额，按照有关合同或协议约定的收费时间和方法计算确定。

习题：

1. 销售商品收入的确认条件是什么？
2. 提供劳务收入的确认条件是什么？
3. 让渡资产使用权收入的确认条件是什么？

第三节　销售业务的账务处理

本节关键词：

销售业务核算意义、销售业务的账务处理

本节内容提要：

（1）了解销售业务核算的重要意义。

（2）熟知销售业务核算的主要任务。

（3）掌握销售业务的账务处理。

掌握销售业务的账务处理是本节学习的主要介绍内容，它主要包括产品销售收入的账务处理，产品销售成本的账务处理，产品销售费用的账务处理以及其他业务的账务处理。在此之前，了解销售业务核算在工业企业中的重要意义，以及掌握销售业务核算的主要任务。

一、销售业务核算的意义及其任务

工业企业的销售有广义和狭义之分，狭义销售也称产品销售业务；而广义销售则包括工业企业对外发生的所有的买卖活动，如材料销售、无形资产转让和包装物出租等，这些业务又称其他销售业务。

工业企业产品的销售不仅可以使产品的价值得以实现，也满足了社会的消费需求，还能补偿回收工业企业的投资。

工业企业产品的销售不仅实现了产品的价值，满足了社会消费的需要，也补偿或回收了工业企业投资于生产的各种资金。在这一过程中，工业企业将产品销售给购买者，同时按产品售价向购买者收取货款，以保证企业经营资金的周转，并实现产品销售利润。为了完成各项销售计划任务，尽快销售产品，满足社会消费的需要，加速资金周转，工业企业必须加强销售业务的核算。在核算销售业务之前，需要确认产品销售收入，并核算、结转产品销售成本和利润等。

工业企业销售收入是指工业企业按照一定的价格向购货单位收取的产品售价和工业性劳务费。有关销售收入的计算公式为：

销售利润 = 产品销售利润 + 其他销售利润 − 管理费用 − 财务费用

产品销售利润 = 产品销售净收入 − 产品销售成本 − 产品销售费用 − 产品销售税金及附加

其他销售利润 = 其他业务收入 − 其他业务支出

另外，产品销售净收入 = 产品销售收入 − 销售退回金额 − 销售折扣金额 − 销售折让金额

由以上计算公式可见，降低销售费用和其他费用能够增加产品销售利润。销售税金是根据实际销售额进行计算和缴纳的，其税种和税率有具体的

规定。因此，工业企业必须根据国家规定的税种和税率，及时缴纳，不得拖欠。工业企业只有正确计算销售收入、成本费用和税金，才能准确地计算销售利润。

销售核算的主要任务可以概括为三点，如图 3-2 所示。

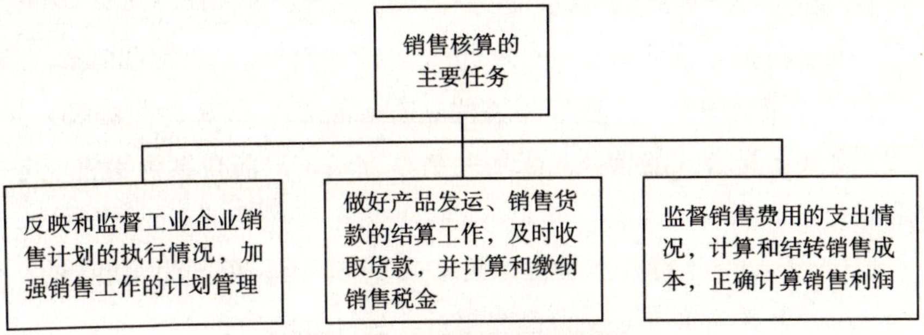

图 3-2 销售核算的主要任务

二、销售核算的账务处理

1. 产品销售收入的核算

工业企业应开设“产品销售收入”账户，以准确反映销售收入的情况。“产品销售收入”账户用来核算销售产品，在工业企业实现产品销售收入时，应计入“银行存款”、“应收账款”和“应收票据”等借方账户，计入该账户的贷方。期末，开设“本年利润”账户，将“产品销售收入”账户的贷方余额转入本账户的借方，贷记“本年利润”科目，结转后本账户无余额。一般情况下，为了详细反映各种产品销售收入的情况，还应根据产品类别设置明细分类账。

(1) 托收承付结算方式的核算。采用此结算方式时，应在发出货物并办理托运后，持合同、发票和运单办理托收手续，才可确认销售收入。

【例】A 工业企业于 5 月 1 日向 B 购货商发运 C 禽药 50 箱，单价为 1000 元，增值税率为 17%，发运货物时代垫运杂费 500 元，4 天后办妥托收手续。

①5月1日发运禽药垫付运杂费时：

借：应收账款——B购货商　　500

　　贷：银行存款　　500

②5月5日办妥托收手续时：

借：应收账款——B购货商　　58500

　　贷：产品销售收入——C禽药　　50000

　　　　应交税费——应交增值税（销项税额）　　8500

（2）支票结算方式的核算。采用此结算方式，只需在发生销售业务时进行核算即可。

【例】A工业企业向B购货商销售C禽药50箱，单价为1000元，增值税率为17%，B购货商交来支票已存银行。会计分录为：

借：银行存款　　58500

　　贷：产品销售收入——C禽药　　50000

　　　　应交税费——应交增值税（销项税额）　　8500

（3）商业汇票结算方式的核算。采用此结算方式时，应根据不同的情况进行销售收入的账务处理。

【例】A工业企业于6月2日向B购货商发运C禽药50箱，单价为1000元，增值税率为17%，代B购货商垫付运杂费500元，双方合同规定采用银行承兑汇票方式结算。

如果发出C禽药后，随即取得商业汇票，其会计分录为：

①代B购货商垫付运杂费时：

借：应收账款——B购货商　　500

　　贷：银行存款　　500

②取得商业汇票时：

借：应收票据——银行承兑汇票——B购货商　　59000

　　贷：产品销售收入——C禽药　　50000

　　　　应交税费——应交增值税（销项税额）　　8500

　　　　应收账款——B购货商　　500

如果发出C禽药后，10天后才取得商业汇票，其会计分录为：

③6月2日发出C禽药时：

借：应收账款——B购货商 59000

贷：产品销售收入——C禽药 50000

应交税费——应交增值税（销项税额） 8500

银行存款 500

④6月12日收到银行承兑汇票时：

借：应收票据——银行承兑汇票——B购货商 59000

贷：应收账款——B购货商 59000

（4）分期收款销售时的核算。采用此方式销售产品时，应将合同规定的收款日期视为销售收入实现，并根据全部销售成本和销售收入之比，计算当期应结转的销售成本。

（5）预收货款销售的账务处理。预收货款是指工业企业尚未发出产品但已经收到的款项。在这种情况下，工业企业应通过“预收账款”账户反映尚未实现的产品销售收入。

（6）委托代销的账务处理。委托代销是指委托其他单位代销本企业的产品，将收到的代销清单计入销售收入。

【例】A工业企业委托B购货商代销C禽药50箱，每箱生产成本为500元，双方约定价格为1000元，B购货商若以高出约定价格出售，则超出约定价格部分作为B购货商代销手续费。会计分录为：

委托代销时：

借：产成品——委托代销产品——C禽药 25000

贷：产成品——C禽药 25000

A工业企业5天后收到B购货商的代销清单，售出C禽药40箱，但代销款尚欠。

借：应收账款——B购货商 40000

贷：产品销售收入——C禽药 33200

应交税费——应交增值税（销项税额） 6800

（7）销售折扣和销售折让的核算。工业企业在允许购货单位在约定期限内支付货款时，往往在合同中规定一个折扣期限，这个折扣期限短于信用期限。购货单位若在折扣期限内付款，就能获得一定的现金折扣。因此，销售折扣就是为了鼓励购货单位尽快付款。

另外，因质量不符合标准要求，且工业企业不予退回所购的产品时，工业企业会在价格上采取某些折让，此方法为销售折让。在这种情况下，工业企业已实现的销售收入会有所变动，应做适当调整。

2. 产品销售成本的核算

工业企业应开设“产品销售成本”账户，将产成品、自制半成品、对外提供工业性劳务的成本计入该账户的借方，期末结转计入“本年利润”科目，计入该账户的贷方，期末无余额。

工业企业库存产成品在采用实际成本核算时，应按发出存货的计价方法核算；在采用计划成本核算时，应先结转产品的计划成本，并将其计入产品销售成本，同时按期结转已经销售的产品应负担的成本差异，计划成本经调整变为实际成本。

3. 产品销售费用的核算

工业企业在销售产品过程中所耗用的费用，称为产品销售费用。它主要分为两部分：一部分为职工工资、福利费等专设销售机构经常费用；另一部分则是运输费、包装费和广告费等非销售机构经常费用的其他销售费用。在核算产品销售费用时，应设置“产品销售费用”账户，发生的销售费用应计入该账户的借方，期末，将该账户余额的信息全部结转计入“本年利润”的借方账户，结转后该账户无余额。

4. 其他销售业务的核算

工业企业取得其他业务销售收入时，应设置“其他业务收入”账户，将其收入计入该账户的贷方，将发生的其他业务支出计入“其他业务支出”的借方账户。期末，再分别将这两个账户结转到“本年利润”账户，实现其他销售业务收入和支出的配比。

习题：

1. 销售业务核算的主要任务是什么？有何重要意义？

2. 简述产品销售收入的账务处理。

3. 主要有哪些销售业务的账务处理？

第四节　利润总额和分配的核算

本节关键词：

利润总额的构成、利润总额的核算、利润分配

本节内容提要：

（1）了解利润总额的构成。

（2）掌握利润总额的核算。

（3）掌握利润分配的核算。

利润反映了工业企业生产经营好坏的一项综合指标，而利润分配则是工业企业经营的最终目的，利润分配主要包括税前弥补以前年度的亏损、缴纳所得税和分配后利润三个方面，本节主要讲述分配后利润。

一、利润总额的核算

1. 利润总额的构成

恩格斯说："劳动产品超出维持劳动的费用，而形成的剩余，以及社会生产基金和后备基金从剩余中形成和积累，过去和现在都是一切社会的、政治的和智力的继续发展的基础。"这在马克思观点里，这是利润产生的根本原因，利润总额是指工业企业在规定的时期内经营的最终成果，利润总额是反映企业生产经营管理好坏的综合指标，它集中地反映了工业企业生产经营

各方面的效益。

计算利润总额的公式为：

利润总额 = 产品销售收入 − 销售税金及附加 − 总成本费用

或者，利润总额 = 销售利润 + 投资净收益 + 营业外收入 − 营业外支出

当得出结算结果后，如为正数是利润，如为负数则是亏损。工业企业为了提高企业利润，必须不断提高工业企业的生产水平和管理水平，加强利润管理。其中，利润分配和亏损情况及完成财政的信息由利润核算反映出来。

2. 利润总额的核算

按照“利润总额 = 销售利润 + 投资净收益 + 营业外收入 − 营业外支出”的核算方法，首先计算销售利润。

（1）销售利润。销售利润包括产品销售利润和其他销售利润。产品销售利润是指工业企业销售成品商品、半成品商品、甚至某种服务所得到的利润就是产品销售利润，它是工业企业获得利润的主要部分。

产品销售利润 = 产品销售收入 − 产品销售成本 − 产品销售费用 − 产品销售税金及附加

其他销售利润是指工业企业对工业产品以外的东西进行销售所获得的利润，如销售原材料、技术转让、非工业性劳务等。这是工业企业获得利润的次要部分。

其他销售利润 = 其他销售收入 − 其他销售成本 − 其他销售税金及附加

（2）投资净收益。投资净收益是指工业企业通过用股票投资、债券投资等多种投资方式所取得投资效益再减去投资损失后的净额。投资效益包括很多方面，对外投资所得利润是投资效益，股票或债券到期后或转让后所取得的经济效益，甚至投资净资产的自然升值也属于投资效益。

投资损失与投资收益相对，按照《投资法》，当上述投资亏损时得到的不是利润而是亏损，则记为投资损失。

投资净收益 = 投资效益 − 投资亏损

（3）营业外收入。营业外收入是指工业企业正常生产经营活动之外所取

得的收入，营业外收入主要包括没收逾期未退包装物的押金、无法支付的应付款、罚款收入、教育费附加返还和固定资产的盘盈等。营业外收入和投资净收益一样都属于非销售利润所得款。

(4) 营业外支出。营业外支出是指工业企业除了正常经营活动外，还应当支付的资金。营业外支出包括固定资产的盘亏、工业企业的搬迁费、编外人员的生活费、非常损失和劳动保险费等费用。工业企业的营业外支出直接冲减了企业利润，这是影响工业企业收入的直接因素。为了减少营业外支出的范围和标准，工业企业都必须严格按照国家的要求。

在做账时，常常在成本科目下，设立“产品销售利润”、“其他销售利润”、“营业外收入”、“营业外支出”、“资源税”等明细科目，直接反映出工业企业的利润总额。

二、利润分配

平时，工业企业的现实利润都应当按照国家规定进行分配，为了凸显会计的监督和分配利润的情况，设置了“利润分配”科目，这是“利润”科目的调整科目。一般情况下，“利润分配”的借方登记各项利润，表示已分配利润数；贷方登记分来的利润、企业自行弥补的亏损或年终利润，表示预算弥足的亏损数。

因为利润分配受到国家规定限制，所以利润分配的政策性较强。为了细致地掌握工业企业利润分配的详细情况，专门设置了“应交利润”、“本年利润”、“上年利润”、“归还专项借款的利润”、“分结其他单位的利润”、“中外合资企业转来的利润”等二十多个明细科目。随着社会的发展，工业企业的财会部门不断完善，利润分配的内容和顺序都在发展变化，一般情况下，常常对税后利润分配进行核算。

1. 弥补亏损

我国的工业企业出现亏损的原因一般是因为价格不合理或者经营不善，其亏损需要从“本年利润”科目的贷方中转入“利润分配——未分配利润”

科目的借方中，一般情况下弥补亏损的方式有两种：一种是从上一年的盈余公积中提取弥补，另一种是提取下一年的利润。

如果下一年的利润也不能弥补亏损，还可以用以后五年内的所得税前利润弥补；如果连续五年也未能弥补损失，那么还可以用缴纳所得税后的利润弥补。弥补亏损时，借记“盈余公积”科目，贷记“利润分配——盈余公积不亏”科目。

2. 提取法定盈余公积金和公益金

提取法定盈余公积金的目的主要有两个：保证工业企业的补亏能力和资本保全能力。在个人和集体消费性分配前，为公司的发展留下足够所需财务，这样才能维持公司稳定发展。法定盈余公积金的提取方式是（税后净利润 - 弥补亏损）× 10%，如果累计额超过注册资本金的 50%时，超出部分可以转增为资本金。

提取法定公益金主要是为工业企业职工全体的谋取福利。我国工业企业需要保证集体员工的福利，所以必须提取公益金。公益金的提取方式与公积金大体相似，为（税后净利润 - 弥补亏损）×（5%~10%）。

3. 应付利润

应付利润即投资者分配利润，应付利润是指除去缴纳所得税、弥补企业亏损、提取盈余公积金后剩余的利润，再加上年初未分配利润的总和。企业以前年度未分配的利润也要并入其中，如果企业当年没有利润，则不必向投资者分配利润。应付利润的具体分配方式需要按照投资合同、协议进行分配，并且符合相关法律。

4. 未分配利润

未分配利润是指可供分配利润减去盈余公积金减去应付利润。

习题：

1. 利润分配的分类是什么？

2. 利润总额的核算？

3. 税后利润分配的核算？

第五节　应收票据和应收账款的核算

本节关键词：

应收票据、应收账款

本节内容提要：

(1) 了解商业承兑汇票和银行承兑汇票。

(2) 掌握应收票据的核算内容。

(3) 掌握应收账款的核算。

(4) 了解坏账损失的估计方法。

本节内容主要讲述应收票据和应收账款的核算，其中还包括应收票据的分类、银行承兑汇票和商业承兑汇票之间的差异、坏账的确认条件以及坏账损失的估计方法等内容。包含的内容比较多，但简洁明了，通俗易懂。

一、应收票据的核算

工业企业的应收票据与其他企业的应收票据大体相似，都是指企业销售产品时收到的商业票据，它主要分为：商业承兑汇票和银行承兑汇票。

银行承兑汇票向银行申请开户之前，需要经过承兑人申请签发，经银行审查、盖章后，用压数机压印汇票金额，然后退给承兑申请人，由申请人交给收款人并收取承兑手续费。另外，在银行承兑汇票到期时，收款人应持有银行承兑汇票和进账单办理转账业务，而承兑人应在到期前将票款足额存入银行。

但是商业承兑汇票与银行承兑汇票有本质区别，商业承兑汇票需要按照约定签发，由付款人签署商业承兑汇票的同时盖章，最后才把商业承兑汇票转给收款人。商业承兑汇票一律记名，允许背书转让。在商业承兑汇票到期时，付款人要无条件地支付票款交给收款人，若付款人账户不足支付，则退给收款人，由购销双方自行解决。同时，银行对付款人进行一定的罚款，一般处以票面金额的5%或至少50元的罚款。

应收票据的核算主要有以下几项：

1. 背书转让的核算

票据持有者将未到期的票据卖给他人，或以支付、流通手段购买商品，或向银行贴现，从而使票据到期后发生票面金额权力转移的一种行为。在转让票据时，票据持有者要在票据背面盖章，这是任何票据转让都要经过的手续。若票据到期，付款人不能兑付，则背书人具有连带的付款责任。

2. 取得和到期收回的核算

工业企业收到的银行承兑汇票，应借记“应收票据——银行承兑汇票”科目，记入贷记“产品销售收入”科目。如果工业企业使用银行承兑汇票结算应收账款，并收到购货单位的银行承兑汇票时，借记“应收票据——银行承兑汇票”科目，贷记“应收账款”科目。如果是带息银行承兑汇票到期，按收款金额借记“银行存款”科目，按票面金额贷记“应收票据——银行承兑汇票”科目，计算的汇票利息贷记“财务费用”科目。无息银行承兑汇票到期则与之相反。

工业企业的应收商业汇票，应设置“应收票据”账户和明细账户，然后进行核算。将收到的商业汇票和应收账款的结算业务借记“应收票据”科目；将到期收到的商业汇票计入贷方。

3. 应收票据贴现的核算

贴现是指票据持有人在汇票到期前，将商业汇票交给银行，银行经审核受理后，按票面金额扣除利息后，将净总值交给申请贴现的人。工业企业申请贴现的计算公式如下：

（1）无息汇票。

贴现利息 = 汇票金额 × 贴现天数 ×（月贴现率 ÷ 30天）

贴现票款 = 汇票金额 − 银行收取的贴现利息

【例】A 企业销售一批产品给 B 公司，货款 60000 元，应收增值税 10200 元，收到 B 公司签发并承兑的一张面值 70200 元且为期一个月的无息商业承兑汇票。编制分录如下：

借：应收票据　　70200

　　贷：产品销售收入　　60000

　　　　应交税费——应交增值税（销项税额）　　10200

一个月后，应收票据到期，将收回的 70200 元存入银行，编制分录如下：

借：银行存款　　70200

　　贷：应收票据　　70200

（2）带息汇票。

汇票利息 = 汇票金额 × 汇票期限（月）× 月利息率

贴现利息 = 汇票本利和 × 贴现天数 ×（月贴现率 ÷ 30 天）

贴现票款 = 汇票金额 + 汇票利息 − 贴现利息

二、应收账款的核算

为了核算工业企业的各项业务向接受劳务单位收取款项的变动情况，应设置“应收账款”账户。应收账款发生时，借记“应收账款”科目，收回应收款项时，贷记“应收账款”科目。应收账款主要核算的内容如下：

（1）商业折扣的账务处理。将扣除商业折扣后的金额计入应收账款，企业收到货款时，借记“银行存款”科目，贷记“应收账款”科目。

（2）现金折扣的账务处理。采用总价法，将工业企业发生的应收账款入账，并将发生的现金折扣进行财务费用处理。

（3）销货运费。企业在销售时，根据发票价格贷记“主营业务收入”科目，借记“应收账款”科目。

（4）销售退回和折让。销售退回一般有两种情况：一种是发生在企业确认收入前，这种处理简单，只需转回“库存商品”账户；另一种是发生在企业确认收入之后，应冲减退回当月的销售收入。另外，当发生销售退让时，应在退回当月一并冲销。

应收账款的核算如下：

(1) 企业经营收入时发生的应收款。借记“应收账款”科目，贷记“产品销售收入”科目或“其他业务收入”科目。

(2) 企业代购货单位垫付包装费、运杂费。借记“应收账款”科目，贷记“银行存款”科目或其他有关账户。

(3) 企业按协议向购货单位预收货款。借记“银行存款”科目，贷记“应收账款”科目。

在市场经济条件下，工业企业之间会发生商业信用问题，因此，会有一些无法收回的应收款项，从而造成企业的损失，即坏账损失。它是工业企业经营过程中产生的，理应归入管理费用。即使没有办法断定应收账款的具体来源，但仍然会潜存着这种坏账损失。确定坏账应符合的条件如表 3–1 所示：

表 3–1　　确定坏账应符合的条件

因债务人破产	在其清偿后仍无法退还的应收账款
因债务人死亡	其遗产不足清偿，又无义务承担人，确实无法收回的应收账款
因债务人超过期限未履行偿债义务，已超过三年	确实无法收回的应收账款

按坏账损失归入的时间先后，将坏账损失分为直接冲销法和备抵法。

1. 直接冲销法

在坏账损失发生时直接归入管理费用予以转销的方法为直接冲销法。它简便实用，但也有其不足之处。当累积的坏账损失数额较大时，采用此方法处理，就会影响企业利润水平和相应费用，并且在应收账款中，不符合收入和费用的配比原则。

2. 备抵法

根据年末应收账款余额，按期估计坏账损失，预提可能发生的损失归入费用，记入备抵账户，就叫作备抵法。

备抵法为了避免高估资产的收益，因此要求企业预提坏账损失，这使得工业企业对不可预料的市场经济风险做出谨慎反应。因此，采用备抵法，应设置“坏账准备”账户，在预提坏账准备时，贷记本账户；发生坏账损失时，借记本账户，年末余额在贷方。必须指出，“应收账款”账户的减项数额应该是“坏账准备”账户的余额。

坏账损失的估计方法有很多种，如图 3–3 所示。

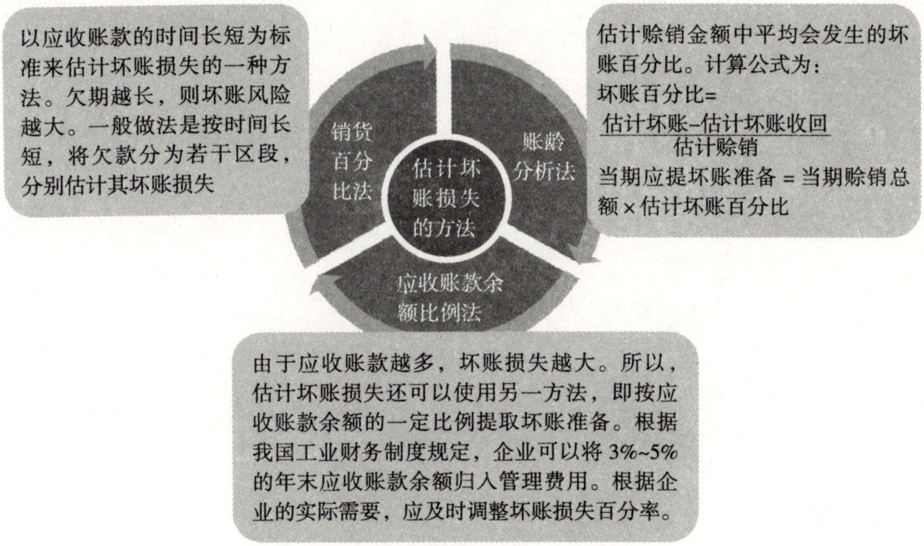

图 3–3　坏账损失的估计方法

习题：

1. 简述银行承兑汇票与商业承兑汇票的差异。
2. 坏账的确认条件是什么？
3. 如何估计坏账的损失？

第四章 工业会计资产类项目的核算

第一节 固定资产的核算

本节关键词：

固定资产、固定资产的特征、固定资产的计价、固定资产的核算

本节内容提要：

(1) 了解固定资产的特征。

(2) 了解固定资产的分类及其任务。

(3) 学习固定资产的计价内容。

(4) 掌握固定资产的核算方法。

本节学习的目的，是了解固定资产的特征和分类，以及固定资产的核算任务，掌握固定资产及其折旧、清查和清理的核算方法。学习时，要了解固定资产的计价的定义和其构成的具体内容。

一、固定资产的定义和特征

工业企业在长期生产经营活动中，单位价值较高的主要劳动资料为固定

资产。它是固定资金的实物形态，是企业生产经营中不可缺少的劳动资料。固定资产在国际会计准则第16号（IAS-16）《固定资产会计处理》中有明确的定义：

固定资产是指符合下列各项规定的有形资产：

(a) 企业所有的用于生产或供应产品和劳务的有形资产，包括为了出租给他人，或为了管理上使用的，还包括为了维修这些资产而持有的其他项目；(b) 为可连续使用而购置或建造的；(c) 不打算在正常的营业过程中出售的。对符合上述 (a)、(b) 和 (c) 标准资产的租用权，在某些情况下也可以作为固定资产处理。

劳动资料根据两个标准可以分为两类，即主要劳动资料和次要劳动资料。这两个标准是：劳动资料使用期限的长短；劳动资料价值的大小。对于固定资产，我国现行的《企业会计准则》将其规定为："使用期限在一年以上，单位价值在规定标准以上，并在使用过程中保持原来物质形态的资产。"不同时具备以上条件的，属于次要劳动资料，称为低值易耗品。企业主要劳动资料有的不同时具备以上条件，但也可作为固定资产。相反，有些虽然具备以上条件，但容易损坏，需要经常更换，那么就不能列为固定资产。

固定资产是工业企业生产经营活动的物质条件，可以使用多年，直到报废为止。工业企业为了进一步保证固定资产的安全性，提高固定资产的利用率，必须加强固定资产的管理。这也对于提高经济效益、降低成本，有着非常重要的意义。

另外，根据我国会计准则和国际会计准则，将固定资产的特征概括出以下几点：

(1) 固定资产必须是有形资产。符合固定资产标准的有形资产才能作为固定资产。

(2) 固定资产只以使用为目的，而不是以出售为目的。在企业中，固定资产的作用和功能是为生产产品、提供商品或服务等的管理。所有不符合此特征的资产都不属于固定资产。

(3) 使用期限在一年以上。不超过一年的资产，即使属性符合固定资产，也不作为固定资产。

(4) 固定资产的成本计量必须可靠。

二、固定资产的分类

工业企业的固定资产种类繁多，其在生产中的地位和作用各不相同。为了便于管理和核算，需要对企业的固定资产进行合理的分类。

工业企业的固定资产，一般可以分为建筑物、土地（专指没有建筑物等附着设施的土地）、机器设备、运输设备、办公设备和其他。除此之外，还可以按不同标准进行分类，如图 4–1 所示。

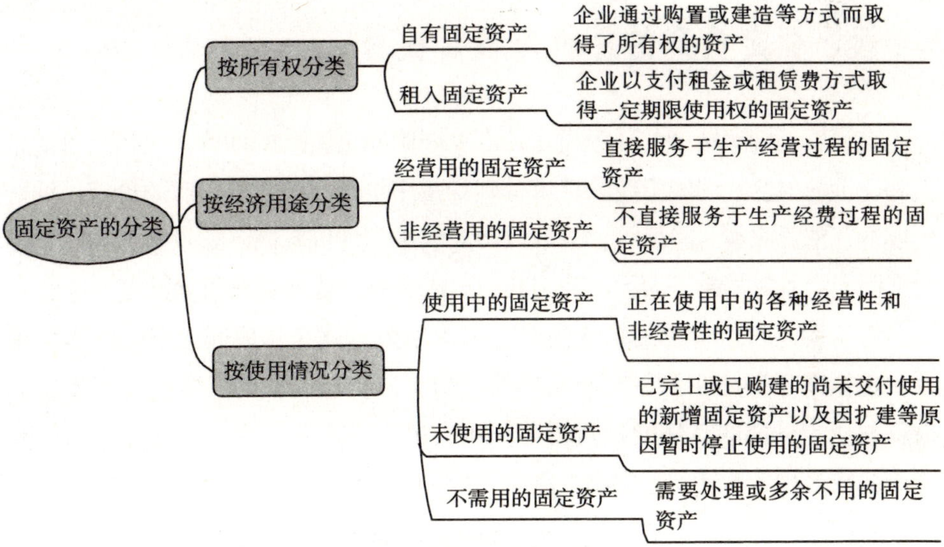

图 4–1　工业企业固定资产的分类

三、固定资产核算的任务

固定资产作为工业企业发展过程中的物质技术基础，它起着不可或缺的作用。因此，加强对固定资产的管理和核算，把固定资产的作用充分发挥出来，是工业企业管理的重要内容。

根据固定资产的特征、管理要求，其核算的主要任务有如下几项：

（1）对固定资产的增减、保管情况要正确及时地进行核算，并监督工业企业合理使用。

（2）为了确保固定资产再生产的需要，必须保证正确计提固定资产的折旧基金。

（3）对于固定资产大修理基金，要正确地核算和监督其提存使用情况，促进工业企业合理、节约地使用修理费用。

要想完成以上任务，工业企业必须建立完善的固定资产管理制度，明确使用和保管的经济责任，并对固定资产进行合理的核算、定期清查。

四、固定资产的计价内容及核算

在了解了固定资产的任务后，还需要明确固定资产的计价，包括计价的基础和计价的内容。固定资产的计价基础是指用价格反映固定资产的价值，如历史成本、重置成本、净值等，一般以历史成本为计价基础。如果增加的固定资产来源于盘盈或捐赠等而无法确定其历史成本时，就需要采用重置成本计价。

对于固定资产计价的构成内容，简单来讲，就是构成固定资产成本的项目，包括某项资产在获得时所发生的一切支出，还有在购置资产时所发生的借款利息、分摊的其他间接费用等间接支出。由于获得资产的途径不同，其成本构成的内容也不同。具体内容如表 4–1 所示。

表 4–1　　固定资产的构成内容

构成内容 / 固定资产的来源	获得资产的途径	备　注
购入的固定资产	按实际支付的买价、售出单位的原价、包装费和安装成本等	国际会计准则第 16 号《固定资产会计》规定："一项固定资产的成本，包括它的购入价格、进口税和不能退还的采购税，以及为使这项资产达到预期使用工作状态所需支付的任何可以直接归属的成本。购入价格的计算中应扣除一切交易折扣和费用。"

续表

构成内容 固定资产的来源	获得资产的途径	备 注
自行建造的固定资产	按建造中实际发生的合理支出	在资产支付使用之前发生的利息支出及汇兑损益
其他单位投资转入的固定资产	按评估确认价确定其价值	当评估价小于原价时，可按投出方原账面价值
接受捐赠的固定资产	按捐赠者提供的相关凭据、受赠中发生的各项费用	
融资租入的固定资产	按合同中所确定的设备价款、运杂费、途中保险费等	
改扩建完工的固定资产	按改扩建中发生的支出减改扩建中取得的变价收入和原有固定资产的成本	
盘盈的固定资产	按重置成本确定其成本	
用其他资产交换的固定资产	按换出固定资产的公允价值、账面净值	以股票或其他有价证券等取得的固定资产，可在固定资产的公允价值和有价证券的公允价值中，选择较明确的价值作为换取的固定资产的价值

为了清楚地反映固定资产的取得、退出、折旧、清查情况，应设的科目为“固定资产”、“累计折旧”和“固定资产清理”。

1. 固定资产取得的核算

工业企业固定资产的取得来源不同，其计价的内容也不同，因此会计处理也不相同。取得固定资产时，应借记“固定资产”科目。

【例】A 工业企业购入一台生产设备，其实际成本为 25000 元，已交付使用，款已转账支付。

借：固定资产　　　　　　　　　　25000

　　贷：银行存款　　　　　　　　　　25000

2. 固定资产清理的核算

固定资产清理是退出工业企业的各项资产，如固定资产出售、毁损等。其核算的内容主要有三个：

(1) 转出清理资产的净值。

（2）在清理过程中发生的费用和残值变价收入。

（3）计算结转清理净损益。

3. 固定资产清查的核算

工业企业在清查过程中，固定资产会发生盘盈或盘亏的可能，因此，对于盘盈的核算，应借记“固定资产”科目，贷记“累计折旧”科目，然后根据估计净值，贷记“待处理财产损溢”科目。在处理时，应借记“待处理财产损溢”科目，贷记“营业外收入”科目。同理，盘亏的核算则是在固定资产盘亏时，借记“待处理财产损溢”科目，同时注销工业企业的资产原值和累计折旧，借记“累计折旧”科目，贷记“固定资产”科目；然后，在“营业外支出”科目上借记盘亏资产的净损失。

【例】B 企业盘点固定资产，发现盘亏加热机器一台，原值 20000 元、已提折旧 12000 元；经批准后处理。

盘亏时：

借：待处理财产损溢	8000	
累计折旧	12000	
贷：固定资产		20000

经批准处理，转作营业外支出：

借：营业外支出	8000	
贷：待处理财产损溢		8000

4. 折旧的核算

根据目前会计制度的规定，常采用直线法和工作量法。计算公式如下：

$$固定资产年折旧额 = \frac{原值 - 净残值}{规定的折旧年限}$$

【例】B 工业企业某项生产设备的原值为 10000 元，预计净残值率 5%，预计使用年限 10 年。其折旧可计算如下：

$$年折旧率 = \frac{1-5\%}{10} \times 100\% = 9.5\%$$

$$月折旧率 = 9.5\% \div 12 = 0.79\%$$

月折旧额 = $10000\times0.79\% = 79$（元）

习题：

1. 固定资产有哪些特征？
2. 简述固定资产的计价内容。
3. 请列举固定资产的核算内容和方法。

第二节　货币资金的核算

本节关键词：

货币资金、现金的核算、银行存款的核算、其他货币资金的核算

本节内容提要：

（1）了解货币资金的含义和分类。

（2）掌握现金核算的有关规定和方法。

（3）掌握银行存款的核算方法。

（4）了解其他货币资金的核算方法。

本节主要讲述了货币资金的分类和意义以及在核算货币资金时的主要任务，另外，重点介绍了现金、银行存款和其他货币资金的核算，包括现金管理的有关规定、银行转账结算方式的程序和其他货币资金的种类等内容。

一、货币资金的概述

货币资金是指工业企业的经营资金存在于货币形态上的资金。按其存放的地点和用途可以分为三种：现金、银行存款以及其他货币资金。

工业企业为了能够保证生产经营活动的正常运行，必须具备一定数量的货币资金作为周转资金。按照国家有关规定，工业企业单位必须加强货币资

金的核算和管理工作，同时监督货币资金的增减结存情况，促进企业增加收入、减少支出，维护财经纪律，以充分、合理地使用货币资金。

工业会计人员对货币资金进行核算的时候，应根据货币资金的特征和管理要求来确定工业企业的核算任务。工业企业的主要任务一般有以下几点：

（1）核算货币资金的收支、结存情况，确保货币资金的安全。

（2）监督工业企业按国家有关规定进行货币资金管理。

（3）认真执行工业企业财务收支计划，合理安排货币收支，加速资金周转。

要想完成以上任务，工业企业会计部门必须结合企业情况，制定具体的货币资金管理制度，做好核算工作。

二、现金的核算

每个工业企业都在银行监督下，按现金管理的有关规定，在银行开立存款户头。因此，国务院为了加强企业货币资金的管理，于是制定《现金管理暂行条例》，以加强企业货币资金的管理，其规定如表 4–2 所示。

表 4–2　《现金管理暂行条例》现金管理的有关规定

现金开支范围	五、开户单位可以在下列范围内使用现金： 1. 职工工资、津贴； 2. 个人劳务报酬； 3. 根据国家规定颁发给个人的科学技术、文化艺术、体育等各种奖金； 4. 各种劳保、福利费用以及国家规定的对个人的其他支出； 5. 向个人收购农副产品和其他物资的价款； 6. 出差人员必须随身携带的差旅费； 7. 结算起点以下的零星支出； 8.中国人民银行确定需要支付现金的其他支出
现金收取范围	十一、开户单位现金收支应当依照下列规定办理： 1.开户单位现金收入应当于当日送存开户银行。当日送存确有困难的，由开户银行确定送存时间； 2.开户单位支付现金，可以从本单位库存现金限额中支付或者从开户银行提取，不得从本单位的现金收入中直接支付（即坐支）。因特殊情况需要坐支现金的，应当事先报经开户银行审查批准，由开户银行核定坐支范围和限额。坐支单位应当定期向开户银行报送坐支金额和使用情况；

续表

现金收取范围	3. 开户单位根据本条例第五条和第六条的规定，从开户银行提取现金，应当写明用途，由本单位财会部门负责人签字盖章，经开户银行审核后，予以支付现金； 4. 因采购地点不固定，交通不便，生产或者市场急需，抢险救灾以及其他特殊情况必须使用现金的，开户单位应当向开户银行提出申请，由本单位财会部门负责人签字盖章，经开户银行审核后，予以支付现金
现金的库存限额	九、开户银行应当根据实际需要，核定开户单位 3~5 天的日常零星开支所需的库存现金限额。边远地区和交通不便地区的开户单位的库存现金限额，可以多于 5 天，但不得超过 15 天的日常零星开支。 十、经核定的库存现金限额，开户单位必须严格遵守。需要增加或者减少库存现金限额的，应当向开户银行提出申请，由开户银行核定
不准坐支现金	企业支付现金时，可以从企业库存现金限额中支付，或从银行提取现金，但不能从现金收入中直接支付

为了加强现金管理，工业企业除了要遵守国家的有关规定外，还要配备专业的会计人员，负责处理库存现金的收支、保管等工作。工业会计人员在收付款时，应根据合法的原始凭证，经过认真审核之后，在收付款凭证上盖章，以表示款项已收付。

有时候，工业企业为了简化核算工作，常常根据工业企业现金收支量的情况，制定汇总记账凭证。登记“库存现金”科目时，收入的现金借记“主营业务收入”科目；支出的现金贷记“库存现金”科目。

【例】A 工业企业为加大生产，收到 B 企业的投资款 20000 元。A 工业企业收到银行的证明后，应作如下处理。

借：银行存款　　　　　　　　　　20000

　　贷：实收资本——B 企业　　　　　　　　20000

三、银行存款的核算

根据国家银行的规定，每个工业企业都需要开立工商银行存款户，以办理企业的货币资金的业务，包括其存取和转账结算业务。除留存限额以内的现金之外，其余货币资金按规定应全部存入银行。

因此，在工业企业生产经营活动中，会频繁地与银行发生款项收付的关系。银行存款的核算分为序时核算和总分类核算。工业企业设置银行存款日记账后，再根据现金付款凭证和银行存款收、付款凭证，按照发生经济业务的先后顺序，逐日逐笔登记银行存款日记账。每月终了，至少核对一次“银行存款日记账”和“银行对账单”之间是否有差额。如果工业企业有外币收入业务，则应设置有关外币户核算的日记账。为反映银行存款的总收支情况，在总分类核算中设置“银行存款”科目。工业企业存入银行的款项，借记该账户；从银行取用的款项，贷记该账户；该账户的借方余额，表示企业存放在银行的结余数。

【例】5 月 20 日，A 企业通过银行支付，采购甲种原料的货款 5000 元，会计分录为：

借：材料采购　　　　5000

　　贷：银行存款　　　　5000

关于银行转账结算方式，其程序和方法如表 4–3 所示。

表 4–3　　银行转账结算方式的程序和方法

结算方式	结算方法
支票结算	支票分现金支票和转账支票。现金支票既可提取现金，也可转账；而转账支票则只可转账
本票结算	银行本票见票即付，不予挂失。申请人要求退款时，可持本票到签发银行办理。遗失的银行本票确未冒领，在付款期满后 1 个月可办理退款手续
银行汇票结算	我国银行汇票一律记名，不准流通、转让和伪造。汇票的汇款金额不得少于 5000 元，有效期为 1 个月。逾期汇票银行不予受理
商业汇票结算	商业汇票一律记名，允许背书转让，以合法的商品交易为基础。商业汇票承兑期限，由交易双方商定，但不得超过 9 个月

货币资金的核算除了现金、银行存款的核算之外，还有其他货币资金的核算，主要包括外埠存款、银行汇票存款、在途货币资金、信用证存款、银行本票存款等。

在“其他货币资金”总账户下应设置“外埠存款”、“银行本票”、“信用证存款”等明细账户，以分别反映其收支情况。其中，工业企业如果对境外业务进行和核算，发生的信用证存放也为其他货币资金的核算。

其他货币资金的核算如表 4–4 所示。

表 4–4　　　　其他货币资金的核算

种类	内　容
外埠存款	企业到外地进行采购时，在采购地银行开立账户的汇款
银行汇票存款	企业为取得银行汇票，按照规定存入银行的款项
银行本票存款	企业为取得银行本票，按规定存入银行的款项
在途货币资金	企业内的汇解款项，在月终时尚未到达，处于在途的资金
信用证存款	企业为开具信用证，在银行存入信用保证金的款项

习题：

1. 现金开支的范围是什么？
2. 货币资金的分类有哪几种？
3. 简述其他货币资金的核算。

第三节　无形资产的核算

本节关键词：

无形资产、无形资产的核算

本节内容提要：

（1）了解无形资产的特征。

（2）学习无形资产的分类标准。

（3）掌握无形资产的取得、转让和摊销的核算。

（4）学习无形资产的处置和报废。

本节的主要学习内容是无形资产的核算方法，但充分了解无形资产的概念、无形资产的内容和分类，是掌握其核算的前提条件。因此，认真学习无形资产的基本概念，才能掌握本节学习的重点内容。

一、无形资产的概述

无形资产不具有实物形态，它是企业长期使用并获利的非货币性资产，包括专利权、著作权、专有技术、特许经营权等。无形资产作为一种特殊权利，从工业企业利用无形资产之日起，在其预计的使用寿命内，应当采取合理的方法推销本身产品；对于使用寿命不确定的，应在会计期间进行减值测试。

与其他资产相比较，无形资产具有以下特点：

(1) 不具有实物形态。这是无形资产独具的特征，是无形资产的基本性质。

(2) 为企业使用而非出售的资产。

(3) 使用期限超过 1 年。

(4) 所提供的未来经济利益很难确定。

(5) 必须是有偿取得的。

(6) 具有可辨认性。

无形资产可根据不同的标准，将其进行分类，如表 4–5 所示。

表 4–5　　无形资产的分类

按能否辨认划分	可辨认的无形资产	具有专门的名称，可单独取得或转让，如专利权、商标权、土地使用权等
	不可辨认的无形资产	不能单独取得和转让，也不能脱离企业而独立存在，一般仅指商誉
按有效期限划分	有期限的无形资产	具有法定有效期限，如专利权、商标权等
	无期限的无形资产	法律上未规定无形资产的有效期限，如专有技术等
按来源划分	外购的无形资产	包括购入、接受捐赠和以资产换取等方式取得的无形资产
	自创的无形资产	本企业自行研究或制造而取得的合法无形资产

无形资产项目应满足哪些条件，才能作为工业企业的无形资产入账？

《企业会计准则》规定：“①与该无形资产有关的经济利益很可能流入企业；②该无形资产的成本能够可靠地计量。”无形资产同时满足以上两个条件，才能确认为工业企业的无形资产。同时，关于企业内部研究开发项目，在开发阶段的支出应满足《企业会计准则》规定的条件，才能确认为企业的无形资产。《企业会计准则》规定的条件为："①完成该无形资产以使其能够使用或出售在技术上具有可行性；②具有完成该无形资产并使用或出售的意图；③无形资产产生经济利益的方式，包括能够证明运用该无形资产生产的产品存在市场或无形资产自身存在市场，无形资产将在内部使用的，应当证明其有用性；④有足够的技术、财务资源和其他资源支持，以完成该无形资产的开发，并有能力使用或出售该无形资产；⑤归属于该无形资产开发阶段的支出能够可靠地计量。"

事实上，以上条件是无形资产确认的通用标准。由此可知，企业自创的商誉以及内部产生的品牌、报刊名等，都不能确认为无形资产。

二、无形资产的核算

无形资产本身具有一定的价值，根据工业企业取得无形资产的途径不同，其构成的价值也不一样。因此，无形资产计价需要遵循一定的基本原则，其原则如下：

(1) 外购和自创的无形资产，按实际支出记账。如商誉，一般情况下，商誉是不会作为无形资产计价入账的，只有当企业兼并另一个企业或外购时，才有可能计价入账。

(2) 其他企业投入的和接受捐赠的无形资产，按评估确认价记账。

为了清晰地反映无形资产的情况，核算其价值，应设置"无形资产"科目，将取得的无形资产的成本计入借方，将工业企业转让、报销的无形资产成本计入贷方，期末余额计入借方。同时，根据无形资产的具体内容，在"无形资产"科目设置明细科目，以反映每项无形资产的具体情况。

1. 无形资产取得的核算

工业企业取得无形资产，应借记"无形资产"科目。根据取得无形资产的不同途径，可分为以下四种情况：

第一种是购入的无形资产，贷记“银行存款”账户。

第二种是自创的无形资产，贷记“原材料”、“应付工资”和“银行存款”等账户。

第三种是投资者投入的，贷记“实收资本”账户。

第四种是接受捐赠的无形资产，贷记“资本公积”账户。

【例】A 工业企业获得国家无偿划拨的土地后，以土地使用权的形式将土地有偿转让给 B 企业，取得转让收入 80 万元。A 企业根据规定补交出让金 40 万元，上交土地收益金 20 万元，企业留用 20 万元。

（1）补交土地出让金时，编制的会计分录为：

借：无形资产——土地使用权　　400000

　　贷：银行存款　　400000

（2）取得转让收入时，编制的会计分录为：

借：银行存款　　800000

　　贷：无形资产——土地使用权　　400000

　　　　其他应交款　　200000

　　　　营业外收入　　200000

2. 无形资产转让的核算

无形资产转让有两种方式：一种是转让所有权，应借记“银行存款”科目，贷记“营业收入”科目；当转让所有权后，出让方就没有了占有、使用和收益等权利，应借记“营业成本”科目，贷记“无形资产”科目。另一种是转让使用权，与转让所有权不同的是，出让方不丧失所有权，只让渡给受让方部分使用权。

【例】A 企业转让专有技术的使用权，收取受让方转让费 500 万元，在转让过程中，企业发生的费用有：材料费 5000 元、工资费用 2500 元、其他费用 600 元。

（1）取得转让收入时：

借：银行存款　　5000000

　　贷：营业收入　　5000000

(2) 发生的费用支出时：

借：营业成本	8100	
贷：原材料		5000
应付工资		2500
其他费用		600

3. 无形资产摊销的核算

无形资产摊销是指从无形资产使用到不再作为无形资产确认为止。工业企业在选择无形资产摊销方法时，应当选择能够反映与其有关的经济利益的预期实现方法。无法确定预期实现的，应采用直线法摊销。摊销时，借记“管理费用”科目，贷记“累计摊销”科目。在无形资产取得后，应将其成本分摊到每个受益期，以体现配比原则。

无形资产价值应从受益之日开始，在一定期间分期平均摊销。其计算公式为：

每期摊销额 = 无形资产价值 ÷ 摊销期限

从公式中可以看出，每期摊销额受到无形资产价值和摊销期限共同的影响。那么，如何确定无形资产价值的摊销期限呢？

(1) 按法律规定的有效期限和合同规定的受益年限，确定无形资产价值的摊销期限。

(2) 法规没有规定有效期限，而合同或申请书中规定了受益年限，则按合同或申请书内规定的受益年限确定。

(3) 法规未规定有效期限，同时，合同或申请书内也未规定受益年限，则按至少 10 年的期限确定。

期末，工业企业应检查无形资产预计带给企业的经济利益的能力。如果账面价值比预计可收回金额大，应计提无形资产减值准备。根据其差值借记“资产减值损失——计提的无形资产减值准备”科目，贷记“无形资产减值准备”科目。

三、无形资产的处置和报废

工业企业可以依法出售无形资产，在出售无形资产后所得的价款，应存入银行，借记“银行存款”科目；按应支付的税费和其他费用，贷记“应交税费”科目；按已计提的累计摊销，借记“累计推销”科目；按其账面余额，贷记“无形资产”科目；按其差额，贷记“营业外收入——处置非流动资产利得”科目。

如果无形资产不能带给企业经济利益，则应按账面价值转销。工业企业在转销时，按其初始入账价值，借记“营业外支出”科目，贷记“无形资产”科目；按已摊销的无形资产价值，“累计摊销”科目。

习题：

1. 根据不同的分类标准，无形资产可以分哪几类？
2. 简述无形资产取得的核算。
3. 简述无形资产摊销的核算。

第四节　金融资产的核算

本节关键词：

金融资产的核算、交易性金融资产、持有至到期投资、可供出售金融资产

本节内容提要：

（1）掌握交易性金融资产的核算。

（2）掌握持有至到期投资的核算。

（3）掌握可供出售金融资产的核算。

本节主要讲述金融资产的核算，包括交易性金融资产的核算，持有至到

期投资的核算，可供出售金融资产的核算。金融资产是指工业企业所拥有的资产以价值形态存在，它是在金融市场上进行交易、具有现实价值和未来估价的金融工具总称，对于工业企业来讲，金融资产最大的特征就是能带来货币收入的流量，并且大部分国家都为金融资产开辟了专门的金融市场进行交易。

一、交易性金融资产的核算

金融资产在旧会计准则中按照时间分为长期投资和短期投资，并且负债项目里的应付债券也按照金融资产的分类标准分为短期应付债券和长期应付债券，这种分类方式是根据工业企业管理者的需求进行分类，在资产负债表中则反应为短期资金、长期资金、短期负债和长期负债。《企业会计准则——金融工具确认和计量》把金融资产分为交易性金融资产、持有至到期投资、可供出售金融资产等项目。

交易性金融资产是工业企业为短期出售商品而持有的金融资金，其专门用来商品交易。工业企业财会部门报表上设置的“交易性金融资产”科目是为了对企业持有的公允价值及其变动进行核算。

在进行明细账核算的时候，交易性金融资产分为“成本”和“公允价值变动”两部分。“公允价值变动损益”科目是为记录企业交易性金融资产发生变动时进行核算的科目，其中工业企业期末交易性金融资产的公允价值可以在本科目期末的借方余额中反映出来。交易性金融资产的账务核算格式如表 4–6 所示。

【例】A 工业企业在 B 公司中购进 10 万股做短期持有，银行存款支付了 458000 元的投资款，其中有 3000 元作为交易费用。其会计分录如下：

借：交易性金融资产——成本　　455000
　　投资收益　　3000
　　贷：银行存款　　458000

表 4-6　　　　　　　交易性金融资产的账务核算

交易性金融资产的账务核算			
步骤	时间或情况	过　程	会计分录
第一步	取得交易性金融资产时	以该金融资产的公允价值作为初始金额；还没有发放的现金股利或已到期但还没有领取的债券利息作为应收项目，当收取后，这些费用计入投资收益	借：交易性金融资产——成本 应收利息（应收股息） 贷：银行存款 贷（或借）：投资收益
第二步	持有交易性金融资产期间	收取买价中的股息或利息，由于票价利润和实际利润的差异很大，所以在计算的时候采用实际利润计算利息收入	借：银行存款 贷：应收股息（应收利息） 借：应收股息 贷：投资收益
第三步	出现交易性金额的公允价值大于账面余额		借记“交易性金融资产——公允价值” 贷记“公允价值变动损益”
第四步	出售交易性金融资产时	把金融资产出售时的公允价值和入账时金额之间的差额记“投资收益”	借：银行存款 贷：交易性金融资产——成本——公允价值投资收益 借：公允价值变动损益 贷：投资收益

后来，B 公司发放了 4000 元的现金股利，作如下会计分录：

借：应收股利　　　　4000

　　贷：投资收益　　　　4000

借：银行存款　　　　4000

　　贷：应收股利　　　　4000

过了一段时间，A 公司持有 B 公司的款项共为 520000 元，A 公司出售股票后，共取得 20000 元的资金收益，其会计分录如下：

借：银行存款　　　　520000

　　贷：交易性金融资产——成本　　　　455000

　　　　　　　　　　——公允价值变动　　　　45000

　　　　投资收益　　　　20000

二、持有至到期投资的核算

因为《企业会计准则——金融工具确认和计量》重新划分了金融资产的款项，无论是持有至到期投资的特征还是核算也都重新做了规定。

1. 持有至到期投资的特征

持有至到期投资的特征如表 4-7 所示。

表 4-7　　持有至到期投资的特征

(1)		在相关合同中明确了投资者在一定时间内需要收取现金的金额和时间
(2)	如果没有难以预算的独立事件，投资者可以把投资时的明确意图持有到投资结束。其中难以预算的独立事件包括以下几种情况	持有该金融资产的期限不确定
		发生市场利率变化、流动性需要变化、替代投资机会及其投资收益率变化、融资来源和条件变化、外汇风险变化等情况时，将出售该金融资产，但是，无法控制、预期不会重复发生且难以合理预计的独立事项引起的金融资产除外
		该金融资产的发行方可以按照明显低于其摊余成本的金额清偿
		其他表明企业没有明确意图将该金融资产持有至到期的情况
(3)	如果工业企业有足够的财力资源，并且没有收到外部因素影响，则可以持有至到期。如果出现以下几种情况，则表明无法持有至到期	没有可利用的财务资源持续地为该金融资产投资提供资金支持，以使该金融资产持有至到期
		受法律、行政法规的限制，使企业难以将该金融资产投资持有至到期
		其他表明企业没有能力将具有固定期限的金融资产投资持有至到期的情况

2. 持有至到期投资的核算

工业企业为了对持有至到期投资进行核算，一般情况下会设置“持有至到期投资”会计科目。“持有至到期投资”科目属于资产类科目，分别对“成本”、“利息调整”、“应计利息”进行明细账核算。而企业债券投资溢价和折价的信息都可以从“利息调整”中体现出来。

一般情况下，采用实际利润法计算持有至到期投资，但是计量时用摊余成本。实际利润法是指在计算摊余成本和各期利润费用的时候用实际利润计算，在持有至到期投资的初始金额中扣除掉已偿还的本金和减值后的金额，与累计摊销额相加就是摊余成本。持有至到期投资的核算程序如表 4-8 所示。

表 4-8　持有至到期投资的核算程序

步骤	时间或情况	过　程	会计分录
第一步	企业取得的持有至到期投资时	在计算持有至到期投资时，应当按照投资的面值核算本科目成本，尚未领取的利息按支付的价款核算	借：应收利息科目 贷：银行存款科目
第二步	填制资产负债表时	把持有至到期投资的分期付息、一次还本债券投资都按票面利润核算确定“应收利息”；利息收入按摊余成本和实际利润计算确定	借：应收利息 贷：投资收益
第三步	计算应收付但尚未收付利息时	一次还本付息债券投资持有至到期投资，应收未收的利息用资产负债表汇总的票面利润计算	借：应收利息 贷：投资收益 贷（或借）：利息调整
	收到已付利息的债券利息时		借：银行存款 贷：应收利息
	收到分期付款等支付利息时		借：银行存款 贷：应收利息
第四步	出售持有至到期投资时	（1）用实际收到的金额计算借记“银行存款”科目 （2）用已计提减值计算“持有至到期投资减值准备”	

【例】A 工业企业购进一批债券，并且准备一年内不进行核算，其债券面值为 10 万元，债券票价利率为 8%，为期五年，实际支付了 92278 元的款价，一直该债券每半年支付一次利息，到期后归还最后一次利息并本金，而某工业企业入债券的时间市场率为 10%，其工业企业会计处理如下：

（1）购入债券时：

借：持有至到期投资——A 公司债券（成本）　100000

　贷：持有至到期投资——A 公司债券（利息调整）　7722

　　　银行存款　92278

（2）采用实际利润法计算出持有至到期投资摊销表，当收到第一期利息和摊销折价时，做会计分录：

借：银行存款　4000

持有至到期投资——A公司债券（利息调整）　　614

贷：投资收益　　4614

每隔半年，收到利息后的计算方法，依次类推。

3. 持有至到期投资的减值准备

用摊余成本计算持有至到期投资的后续计量，一旦发生减值，则需要尽量确认差额，计入当期损益，确认为减值损失。专门在持有到期投资类别和明细核算中设置“持有至到期投资——减值准备”科目。当投资发生减值后，借记“资产减值损失”科目，贷记“持有至到期投资——成本”科目。

三、可供出售金融资产的核算

工业企业持有的个别可供出售金融资产的公允价值分为可供出售的股票投资、债券投资等金融资产，分别计入“成本”、“利息调整”、“应计利息”、“公允价值变动”等明细账核算。如果可供出售金融资产发生价值，则需要单独设置“可供出售金融资产减值准备”科目。

可供出售金融资产的核算程序如表4–9所示。

表4–9　可供出售金融资产的核算程序

步骤	标　注	会计分录
第一步	工业企业获取可供出售的金融资产时	借：长期投资——成本 应收股利 贷：银行存款结算备付金
第二步	资产负债表日，当可供出售债券投资发生减值后，需要找“贷款”	借：应收利息 贷：投资收益长期投资——成本
第三步	根据公允价值高于其账面余额	借：长期投资——成本 资产减值损失 贷：资本公积——其他资本公积
	如果减值损失已经确认，并且在公允价值上体现出来	(1) 按原确认的减值损失： 借：长期投资——成本 贷：资产减值损失 (2) 如果可供出售金额资产为股票类权益： 借：长期投资——成本 贷：资本公积——其他资本公积

续表

步骤	标 注	会计分录
第四步	如果把持有至到期投资进行重分类	借：长期投资——成本 贷：持有至到期投资 贷（或借）：资本公积——其他资本公积
第五步	可供出售的金融资产在出售时	借：银行存款存放中央银行款项 贷：长期投资——成本 贷（或借）：资本公积——其他资本公积 投资收益

习题：

1. 金融资产的分类是什么？

2. 如何对交易性金融资产进行核算？

3. 如何对持有至到期的投资进行核算？

第五章 工业会计要素费用的核算

第一节 材料的核算

本节关键词：

材料核算的基本理论、材料核算的方法

本节内容提要：

(1) 了解材料的分类和计价方法。

(2) 了解材料核算的任务和凭证。

(3) 掌握材料的明细分类核算。

(4) 掌握材料的总分类核算。

本节主要介绍材料核算的基本理论，包括材料核算的基本任务、材料的分类、材料核算的凭证和材料的计价方法。另外，材料核算的具体方法是本节的重点学习内容，主要从材料的明细分类核算和总分类核算讲解。因此，在学习中要掌握重点、突破难点，认真学习本节内容，使整个学习循序渐进，提高核算工作水平。

一、材料核算的基本概述

材料是工业企业生产过程中的不可缺少的重要部分，一经投入生产就会改变其原有的形态和特征。在产品成本中，材料的消耗占有很大的比重。正如马克思所说："它们在所参加的每一个劳动过程中被全部消耗掉，因此，对每一个新的劳动过程来说，必须全部用一种新的物品来替换。"

因此，工业企业要节约使用材料，提高材料的利用率，这样才能增加生产，降低成本，提高企业经济效益。要想达到这一目的，必须加强材料的核算，建立健全材料的计量、领退和保管等制度。

材料的性质、特点和在生产中所起到的作用决定了材料核算的任务。根据材料管理的要求，将材料核算的任务概括为以下几项：

（1）监督材料采购是否按计划执行，企业是否严格执行经济合同，材料采购成本的计算是否正确，以确定材料采购业务，促使企业改善采购业务管理，节约材料，降低成本。

（2）反映材料的收发、结存、保管等情况，监督材料收发的账簿与实际账簿相符。

（3）监督工业企业遵守定额，合理储备，加速资金周转。

（4）及时反映材料消耗定额的情况，正确计算材料费用。

在工业企业中，材料的性质和特征不同，在生产过程中的作用也不同。因此，为了搞好材料管理，工业企业需要对材料进行分类。材料的分类如表5-1所示。

表5-1　　材料的分类

材料的分类	按材料在生产过程中的作用	（1）原料及主要材料。如炼铁厂用的矿石，织布工业用的棉纱等 （2）辅助材料。如漂染用的染料，各种包装材料等 （3）燃料。如煤炭、汽油等 （4）修理用备件。如齿轮、轴承、轮胎等 （5）包装物。如桶、坛、罐等 （6）低值易耗品。如工具、管理用具等

在工业企业生产中产生的废料，能回收再利用的废料，则按其用途归为原料、主要材料或燃料；无利用价值的废料，则可归为辅助材料。

材料的计价方法如表 5–2 所示。

表 5–2　　材料的计价方法

材料的计价方法	按实际成本计价	外购材料的实际成本	包括买价、运杂费、运输途中的合理损耗、入库前的整理费用、购入材料的税金和其他费用
		自制材料的实际成本	包括工资、动力、制造过程中消耗的材料费和其他费用
		委托外单位加工材料的实际成本	包括加工材料的实际成本、支付的运输费、装卸费和加工费等
	按计划成本计价	根据材料的市场价格，考虑运输中损耗、整理等条件，制定出材料的计划成本	

工业企业需要严格管理和监督材料的收发保管，保护材料的安全，防止管理混乱，以正确地管理好材料的核算工作。同时，需要工业企业制定严格的材料收发凭证和手续，以保证正确地办理材料收发的核算工作。材料的核算凭证制作如表 5–3 所示。

表 5–3　　材料的核算凭证制作

材料的核算凭证	收料凭证	收料单	适用于外购材料入库的凭证。一般是一式三联
		材料交库单	适用于企业生产中回收的废料、自制加工完成入库的材料。一般填制一式三联，一联交给交库单位留底，一联交仓库记账，一联交财务部门处理账务
		退料单	用于生产中多余材料的退库，一般也是一式三联，传递部门同上
	发料凭证	领料单	一种一次使用的凭证。在领料单上应填明材料的名称、数量和用途，经负责人审核后，仓库即可发料，然后查物点数，检验质量，并由双方签章。一般填制一式三联
		限额领料单	一种一次开设、多次使用的凭证。在有效期间，可以连续使用
		领料累计表	一种多次使用的累计凭证，适用于经常领用各种易消耗、数额较小的领发业务，按月开设一单一料，一般是一式三联

二、材料的明细分类核算

无论是材料的收发凭证，还是材料的明细分类账、总分类账，都要按实际成本计价。材料的明细分类核算主要包括在途材料的明细分类核算和库存材料的明细分类核算。

1. 在途材料的明细分类核算

在途材料是指那些已经付款，但还没有验收入库的材料。在途材料的明细账，可以采用三栏式，也可以采用多栏式。对于在途材料较多的企业，可采用设置在途材料登记簿的方法，以简化核算手续。

2. 库存材料的明细分类核算

为了反映材料的收发结存情况，满足生产的需要，加速资金周转，就必须进行库存材料明细分类核算。这不仅要核算材料的实物数量，还要核算材料的价值。

根据核算的要求，库存材料的明细分类账可以设一套账也可以设两套账。设两套材料明细账，就是仓库设置材料卡片，会计部门设置材料明细账。通过仓库和会计部门相互制约，相互核对，以正确地核算材料的收发和结存的数量、金额。

3. 材料发出的计价

由于材料大多是分批购进的，而且每次购进的材料成本不同，因此就产生了材料的计价问题。企业常用的计价方法如表 5-4 所示。

表 5-4　　企业常用的计价方法

材料的计价方法	先进先出法	根据先购进的材料先发出，将先记入的单价先转出。采用这种方法，可以在平时进行存货计价工作，减轻月末计价工作量，便于加强材料资金的管理
	加权平均法	在每一次材料购入时，都立即计算出结存材料的新单价。计算公式： $材料平均单价 = \frac{以前结存材料的实际成本 + 本批收入材料的实际成本}{以前结余材料数量 + 本批收入材料数量}$ 发出材料的实际成本 = 发出材料数量 × 材料平均单价

续表

材料的计价方法	个别计价法	按某些材料的个别成本计算发出存货的实际成本。到月末，计算出全月的材料发出结存金额。计价工作量大，适用范围窄。其计算公式为： $材料平均单价=\frac{月初结存材料的实际成本+本月收入材料的实际成本}{月初库存材料数量+本月收入材料数量}$ 发出材料的实际成本=发出材料数量×平均单价

三、材料的总分类核算

在工业企业中，材料的收、发核算，需要根据企业的规模、材料种类、收发业务，来确定其采用核算的方式。为了更清楚地显示核算的方式，材料的总分类核算如表 5–5 所示。

表 5–5　　材料的总分类核算

材料的总分类核算	按实际成本计价的核算	收入材料的核算	根据发票账单等票据：①按采购材料的实际成本，借记“在途物资”科目；②按应交的增值税，借记“应交税费——应交增值税”科目；③按应付的全部价款，贷记“应付账款”或“银行存款”科目
		发出材料的核算	根据领发料凭证登记明细分类账，按照计价方法，算出领发材料的实际成本，然后整理、编制“发料凭证汇总表”
	按计划成本计价的核算	材料收入的核算	(1) 材料采购的核算 (2) 材料成本差异的核算
		材料发出的核算	(1) 材料发出的总分类核算 (2) 发出材料成本差异额分摊的核算

【例】A 企业购进钢板一批，买价 8000 元，代垫运杂费 200 元，合计 8200 元，货款已从结算户中支付，钢板验收入库，其计划成本为 8000 元。

首先，根据付款凭证和发票单等，按实际支出编制会计分录如下：

借：材料采购——原料（钢板）　　　　8200

　　贷：银行存款　　　　　　　　　　　　8200

再根据收料单，按计划成本编制材料入库的会计分录如下：

借：原材料——原料（钢板）　　　　8000

　　贷：材料采购——原料　　　　　　　　8000

习题：

1. 材料核算的基本任务有哪些？

2. 简述材料的计价方法。

3. 材料的核算方法是什么？

第二节　人工费用的核算

本节关键词：

工资、工资的核算、工资总额

本节内容提要：

（1）了解工资总额的定义和分类。

（2）了解职工薪酬的内容。

（3）学习工资核算的任务。

（4）掌握应付工资的计算和核算方法。

掌握应付职工薪酬的计算和核算方法是本节的主要内容，除此之外，充分了解《关于工资总额组成的规定》是学习本节的基础。通过学习，了解工资核算的任务、工资总额的定义以及工资总额的分类。本节包含的内容较多，但通过图表，可以清晰、简洁地将知识表达出来，使读者轻松、快速地学习并掌握它。

一、工资的概况

1989 年 9 月 30 日，国务院规定："为了统一工资总额的计算范围，保证国家对工资进行统一的统计核算和会计核算，有利于编制、检查计划和进行工资管理以及正确地反映职工的工资收入，制定本规定。"并且还规定：

“全民所有制和集体所有制企业、事业单位，各种合营单位，各级国家机关、党政机关和社会团体，在计划、统计、会计上有关工资总额范围的计算，均应遵守本规定。”

因此，在公有制条件下，工资体现了劳动的耗费，是每个企业生产中的一项生产费用，也是产品成本中的重要部分。每个企业都须遵循国家的有关规定，建立合理的劳动组织，正确计算职工的工资，保证劳动者的利益，从而促进企业生产的发展，提高企业的经济效益。

在工业企业中，工资的核算与其他企业的工资核算同样重要。为了达到效益高、发展快的目的，工业企业就必须按照国家规定，正确、合理地核算职工的工资。

工资只是职工薪酬的一种，职工薪酬还包括资金、津贴和补贴、社会保险费、职工福利费、工会经费等。按照国家统计局《关于职工工资总额的组成的规定》职工薪酬具体内容如下：

1. 奖金

《关于职工工资总额的组成的规定》中规定：

七、奖金是指支付给职工的超额劳动报酬和增收节支的劳动报酬。包括：(1) 生产奖；(2) 节约奖；(3) 劳动竞赛奖；(4) 机关、事业单位的奖励工资；(5) 其他奖金。

2. 津贴和补贴

《关于职工工资总额的组成的规定》中规定：

八、津贴和补贴是指为了补偿职工特殊或额外的劳动消耗和因其他特殊原因支付给职工的津贴，以及为了保证职工工资水平不受物价影响支付给职工的物价补贴。(1) 津贴。包括：补偿职工特殊或额外劳动消耗的津贴，保健性津贴，技术性津贴，年功性津贴及其他津贴。(2) 物价补贴。包括：为保证职工工资水平不受物价上涨或变动影响而支付的各种补贴。

3. 特殊情况下支付的工资

《关于职工工资总额的组成的规定》中规定：

十、特殊情况下支付的工资。包括：(1) 根据国家法律、法规和政策规定，因病、工伤、产假、计划生育假、婚丧假、事假、探亲假、定期休假、停工学习、执行国家或社会义务等原因按计时工资标准或计时工资标准的一定比例支付的工资；（2）附加工资、保留工资。

4. 住房公积金

按照国家《住房公积金管理条例》的规定，企业向住房公积金管理机构缴存住房公积金。

5. 其他职工薪酬

其他职工薪酬如辞退福利。

那么，工资核算的主要任务是什么呢？如图 5–1 所示。

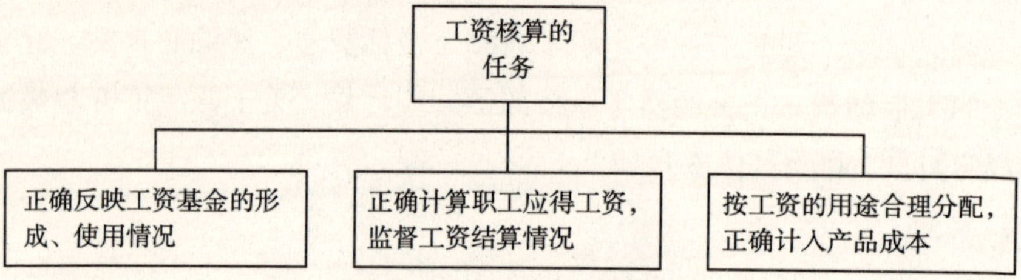

图 5–1　工资核算的任务

企业必须加强各部门的合作，做好职工的离职、调动、出勤等记录，以便为工资的核算提供正确的资料。

二、工资总额

关于工资总额的概念，在《关于职工工资总额的组成的规定》中的第三条明确规定：

工资总额是指各单位在一定时期内直接支付给本单位全部职工的劳动报酬总额。工资总额的计算应以直接支付给职工的全部劳动报酬为根据。

有计划管理工资基金，加强工资核算的有效方法是合理分类工资。工资进行分类的标准如表 5–6 所示。

表 5-6　　　　　　　　　　　　　工资的分类

工资的分类	按工资总额组成的经济内容	计件工资	《关于职工工资总额的组成的规定》第六条规定："计件工资是指对已做工作按计件单价支付的劳动报酬。包括：(1) 实行超额累进计件、直接无限计件、限额计件、超定额计件等工资制，按劳动部门或主管部门批准的定额和计件单价支付给个人的工资；(2) 按工作任务包干方法支付给个人的工资；(3) 按营业额提成或利润提成办法支付给个人的工资。"
		加班加点工资	《关于职工工资总额的组成的规定》第九条："加班加点工资是指按规定支付的加班工资和加点工资。"
		经常性奖金	《关于职工工资总额的组成的规定》第七条规定："奖金是指支付给职工的超额劳动报酬和增收节支的劳动报酬。"
		工资性质的津贴	按《关于职工工资总额的组成的规定》规定："津贴。包括：补偿职工特殊或额外劳动消耗的津贴，保健性津贴，技术性津贴，年功性津贴及其他津贴。"
		非工作时间的工资	《关于职工工资总额的组成的规定》中规定："根据国家法律、法规和政策规定，因病、工伤、产假、计划生育假、婚丧假、事假、探亲假、定期休假、停工学习、执行国家或社会义务等原因按计时工资标准或计时工资标准的一定比例支付的工资。"
	按不同职位的人员的工资	工人的工资	在企业生产中，从事物质生产和直接服务于生产的工人的工资
		学徒人员的工资	在师父的指导下学习生产技术的学徒工的工资
		工程技术人员的工资	担负工程技术工作人员的工资
		管理人员的工资	从事行政、经济管理等工作的人员的工资
		服务人员的工资	间接服务于生产、职工生活福利的人员的工资

三、应付工资的核算

应付工资包括应付工资计算和应付工资结算的核算。工业企业应该根据劳动工资制度的有关规定，定期计算应付工资和办理工资结算业务。

应付工资的计算如表 5-7 所示。

表 5-7　　应付工资的计算方法

应付工资的计算方法	计时工资的计算	根据职工出勤的实际工作时间和其工资标准，计算应付工资。在月薪制下，其计算公式： 应付月工资额 = 全勤工资 – 缺勤扣款 缺勤扣款 = 事假旷工天数 × 日工资率+病假天数 × 日工资率 × 病假扣款标准 在日薪制下，其计算公式： 应付月工资额 = 月出勤天数 × 日工资率 + 病假天数 × 日工资率 ×（1 – 病假扣款标准）
	计件工资的计算	计算公式： 应付计件工资 = 应计工资的每种产品实际产量 × 该种产品的计件单价 应付计件工资定额工时工资率 × 单位产品定额工时 × 实际完成产量
	经常性奖金和津贴	根据有关政策、规定计算
	非工作时间的应付工资	按有关法律、制度的规定计算

【例】某生产工人月工资标准为 5000 元，5 月份出勤 26 天，周末休息 4 天，根据不同的日工资率所计算的标准工资不同。

按平均标准工作日数计算的标准工资是：

$$\frac{5000}{25.5}\times 26 = 5098\text{（元）}$$

按平均日历日数计算的标准工资是：

$$\frac{5000}{30}\times(26+4) = 5000\text{（元）}$$

工资结算凭证的编制需要由车间、部门分散办理，或者到财务部门集中办理，当编制完成后，才可以核算应付工资。

工资结算凭证是根据计算的应付工资和有关扣款凭证编制的，经有关部门签证后，办理与职工的结算。“工资结算单”一般是一式三份，企业规模小、职工人数少时，可以设置“工资结算卡片”。采用此方法，需要定期收回，注意保管，避免丢失。

另外，应付工资的总分类核算是将计算的应付工资总额根据不同的资金来源列支的核算。应付工资的总分类核算应设置“应付工资”总分类账户，每月终了，根据当月工资结算汇总表，进行账务处理。在实际操作中，工业企业往往根据“工资结算单”的合计数在银行提取现金，然后发放工资，此时需要借记“库存现金”科目，贷记“银行存款”科目，然后再发放给职工。

除此之外，在应付工资计算之后，应合理扣回职工的欠款，以便简化核算工作，有效地减少企业的资金占用。

习题：

1. 职工薪酬的内容有哪些？
2. 工资核算的任务是什么？
3. 简述工资的核算方法。

第三节　生产费用的核算

本节关键词：

生产费用、生产费用的分类、生产费用的核算

本节内容提要：

(1) 了解生产费用在工业企业中的意义。

(2) 熟知生产费用的分类。

(3) 掌握生产费用的明细核算。

(4) 掌握生产费用的总分类核算。

本节应掌握的主要内容有生产费用在工业企业中的重要意义，生产费用的分类以及生产费用的明细分类核算和总分类核算。因此，只有认真学习本节内容，掌握生产费用的核算，才能做好工业会计的本职工作。

一、生产费用的分类

工业企业生产经营过程运用的生产费用是繁杂而庞大的，其经济内容与生产成本基本相同。但是，它们又有各自不同的指标，产品成本由工业性生产费用构成，而生产费用除了包括工业性生产费用外，还包括非工业性生产费用。

对生产费用进行归集和分类，不仅可以正确合理地核算生产费用，也有利于编制生产费用，预算和分析产品成本。生产费用的归集与产品成本不同，它是以“时期”为基础进行归集的，而产品成本是以“对象”为基础进行归集。因此，掌握生产费用的分类和核算，非常重要。

生产费用按不同的标准进行分类，其分类如图 5-2 所示。

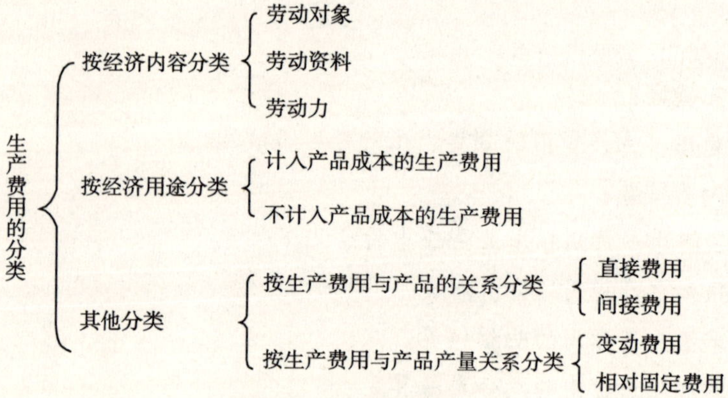

图 5-2 生产费用的分类

1. 按经济内容进行分类

按经济内容划分生产费用，不利于控制生产费用的支出。因此，现行制度中，将经济内容进行具体的划分，其分类如下：

（1）外购材料，是指工业企业在生产过程中所耗用的一切向外购进的材料，包括原材料、半成品、辅助材料和低值易耗品等。

（2）外购燃料，是指工业企业在生产过程中所耗用的一切向外购进的燃料。

(3) 外购动力，是指工业企业在生产过程中所耗用的一切向外购进的动力。

(4) 工资，是指工业企业计入生产费用的职工工资。

(5) 提取的职工福利基金，是指工业企业按照相关规定，从生产成本中提取为职工发放的福利基金。

(6) 折旧费和大修理基金。

(7) 利息支出，是指工业企业将流动资金计入生产费用后，其借款利息支出与收入的差额。

(8) 税金，是指应计入生产费用的税金，包括房产税、印花税和土地占用税等。

(9) 其他支出，如差旅费、租赁费等。

2. 按经济用途进行分类

但是按经济内容分类，对于反映生产费用的支出的合理性不能直接突出，因此，采用按经济用途对生产费用分类，可以直观地反映用于产品生产的材料用量，有助于核算产品成本，以及便于分析成本计划的执行情况。

按照现行制度的规定，工业企业的产品成本项目分为如下几项：

(1) 原材料。

(2) 燃料和动力，是指工业企业在产品生产过程中的各种外购、自制的燃料和动力。

(3) 工资和福利费，是指生产产品的生产工人工资以及提取的职工福利费。

(4) 车间经费，是指在管理车间生产过程中所发生的各项费用。

(5) 企业管理费，是指在管理全厂生产时所发生的费用。

二、生产费用的核算

工业企业只有做好生产费用的核算工作，才能控制生产费用的支出，正确计算产品成本。因此，工业企业应设置生产费用的明细分类账和总分类账。

1. 生产费用的总分类核算

工业企业应设置“基本生产”、“车间经费”和“待摊费用”等七个账户来进行生产费用的总分类核算，以便反映工业企业在某一特定期间各生产费用的发生情况。

(1)“基本生产”账户。该账户记录在生产过程中所发生的一切生产费用；月末，将已经生产完工的产成品和自制半成品的成本经验收入库后，转入该账户的贷方，该账户的余额在借方，反映月末在产品成本。

(2)“辅助生产”账户。将辅助生产车间所发生的生产费用计入该账户的借方；月末，将完工的产品按照入库数量进行分配时，计入该账户的贷方；余额在借方，反映辅助生产车间的期末在产品成本。

(3)“自制半成品”账户。用来核算工业企业验收合格入库的自制半成品成本，将完工入库的自制半成品成本计入该账户的借方，将生产领用的自制半成品成本计入该账户的贷方；余额在借方，反映库存的自制半成品成本。

(4)“车间经费”账户。将生产车间发生的各种管理车间生产的费用计入该账户的借方，月末，将分配转出的各种产品成本计入该账户的贷方，该账户一般无余额。

(5)“企业管理费”账户。将企业为管理全厂生产所发生的各种生产费用计入该账户的借方；月末，将分配转出的各种产品成本计入该账户的贷方，该账户一般无余额。

(6)“预提费用”账户。将预先提取的费用计入该账户的贷方；将实际支付的数额计入该账户的借方；余额在贷方，表示已预先提取但尚未支付的费用。

(7)“待摊费用”账户。将已经支出的各种费用计入该账户的借方，将分期摊入成本的费用计入该账户的贷方；余额在借方，表示已支付但尚待摊销的费用。

2. 生产费用的明细分类核算

生产费用的总分类核算，只能反映各项生产费用的分配概况，不能反映明细情况。因此，为了清晰地反映生产费用支出的详细情况，正确核算产品成本，应当按照产品的种类和用途进行生产费用核算，并填制有关生产费用的明细账户。其实，产品成本的计算就是生产费用的明细核算，根据不同的成本核算体制，生产费用会有不同的核算方法。

（1）一级核算体制下的明细核算。在实行厂部一级核算的工业企业里，生产费用的明细分类账的设置如下：

①在“基本生产”账户下，应设置“基本生产明细账”账户，按成本项目分设专栏。如果工业企业的产品种类繁多，则应在“基本生产明细账”账户下，设置“产品成本明细账”。将直接用于生产的原材料、燃料和生产工人工资及其职工福利基金计入该账户中。

②在“辅助生产”账户下，按车间设立“辅助生产明细账”，并按成本项目分设专栏。将辅助生产所发生的费用按有关凭证或分配表计入该账户中。

③在“车间经费”账户下，设置“车间经费明细账”，并按费用项目分设专栏。将工业企业在管理和组织生产中所发生的管理费用，按有关凭证或分配表计入该账户。

④在“企业管理费”账户下，设置“企业管理费明细账”，并按费用项目分设专栏。

月末，汇总“辅助生产明细账”中的各项费用，并根据提供劳务的数量，编制“辅助生产费用分配表”。用于生产产品的动力费用，应编制“动力费用分配表”，并计入“产品成本计算单”，然后核算车间经费和企业管理费所发生的费用。最后，汇总“产品成本计算单”中完工产品成本，计入“基本生产明细账”，结转完工产品总成本。

（2）两级核算体制下的明细核算。两级核算体制即实行厂部核算和车间核算，在实行两级核算的工业企业中，主要由专职成本核算人员计算产品的车间成本，然后经厂部财会部门汇总后，分配工业企业管理费用，计算产品的生产成本。

实行两级核算的工业企业，生产费用明细核算与一级核算企业的生产费用核算不同。两级核算体制下的明细核算，在计入基本生产车间的相关明细账的同时，还应计入厂部的相关明细账中。如直接用于生产的原材料、生产工人工资及职工福利基金等，在按产品进行归集和分配后，不仅应在基本生产车间的“产品成本计算单”、“基本生产明细账”中进行登记，还应在厂部的“基本生产汇总明细账”中进行登记。对于厂部发生的管理全厂生产的费用，不仅应计入“企业管理费明细账”，还应在厂部“基本生产汇总明细账”中进行登记。

月末，各辅助生产车间应汇总“辅助生产费用明细账”中的费用，根据各车间耗用的劳务数量，编制“辅助生产费用分配表”。在登记基本生产、车间经费和企业管理费的明细账时，还应登记厂部的“基本生产汇总明细账”和“辅助生产汇总明细账”。

习题：

1. 按照不同的标准，可以将生产费用分为哪几类？
2. 简述生产费用的明细分类核算。
3. 简述生产费用的总分类核算。

第四节　制造费用的核算

本节关键词：

制造费用、制造费用的基本内容、制造费用的核算

本节内容提要：

（1）了解制造费用的基本概念。

（2）掌握制造费用归集的方法。

（3）学习制造费用分配的原则。

（4）掌握制造费用分配的核算方法。

本节主要学习制造费用的核算方法，分别讲述了制造费用归集的核算和

制造费用分配的核算。除此之外，还应该了解制造费用的内容、制造费用分配遵循的原则。内容简单易懂，容易学习并掌握。

一、制造费用的内容

制造费用是指工业企业发生的组织和管理生产活动和提供劳务，应计入产品成本，但不用专门设置成本项目，因此没有办法直接计入各项生产费用。制造费用分为间接用于产品的费用和劳务生产的费用，如薪酬费用、车间辅助人员工资、劳动保护费、修理费用等。

制造费用是产品成本的重要部分，工业企业根据制造费用的发生地点进行归集。月末终了，在制造费用中采用一定的方法，分配各种成本核算对象并计入其成本中去。事实上，核算工业企业计入产品成本的费用准确与否，直接影响产品成本的正确性。因此，加强制造费用的管理，提高制造费用的核算水平，对产品成本的正确核算具有非常重要的意义。

特别注意的是，制造费用中不包括工业企业行政管理部门所有的管理费用，这些费用都应当归为期间费用，计入“管理费用”账户。

制造费用的种类繁多、发生频繁、金额不等，其构成比较复杂。制造费用的内容如表 5-8 所示。

表 5-8　制造费用的内容

制造费用的内容	工资	各生产单位管理人员、非生产工人的员工工资
	职工福利费	按生产单位工资的一定比例计提的福利费
	折旧费	按规定的折旧方法计算某些固定资产的折旧费用
	租赁费	生产单位租入固定资产的租金和专用工具的租金，不包括融资租赁费
	修理费	对生产单位中的固定资产的各种修理费用，包括低值易耗品的修理费用
	机物料消耗	在维护生产设备、保持生产环境时消耗的各种材料
	低值易耗品摊销	生产单位使用的所有低值易耗品的摊销费用
	取暖费	用于职工防寒取暖的费用。但不包括支付的取暖津贴，它属于工资性质
	水电费	生产单位耗用的水电费
	办公费	生产单位耗用的印刷、办公用品等费用，图纸和制图用品费不在此之内

续表

制造费用的内容	差旅费	职工因公出差的补助、路费、住宿等费用
	运输费	生产单位提供的运输劳务的费用
	设计制图费	设计部门的日常经费，包括制图用品和购置图纸等费用
	保险费	生产单位承担的财产物资保险费。但不包括从保险公司获得的赔偿
	试验检验费	对材料、产品的试验、化验、分析等费用
	劳动保护费	为保护职工劳动安全的一些劳动用品费，如工作服、手套、劳保眼镜等
	季节性、修理期间停工损失	不包括单独组织生产单位，在生产中，核算损失的停工损失
	其他	除以上各项外的应计入产品成本的制造费用

为了对制造费用实行有效的控制，在管理中需要编制相应的预算，期末终了，对比其实际发生数和预算数，找出差异，分析原因，然后采取相应的控制措施，从而节约制造费用。

二、制造费用归集的核算

在一定时期内，工业企业为了方便反映和监督制造费用的发生和分配情况，常常设置“制造费用”账户。该账户用来核算工业企业生产单位在组织和管理生产中的费用。在实际生产中发生的制造费用，计入该账户的借方；而制造费用进行分配结转时，计入该账户的贷方。一般情况下，该账户月末没有余额。

在核算制造费用时，应根据工业企业生产的具体情况设置“制造费用”账户。对于基本生产车间，不管生产多少种产品，都应单独核算制造费用；而辅助生产车间不同，若其制造费用余额较小，则将制造费用直接登记在“辅助生产成本”账户中。因此，为了便于管理，通常将性质相同的费用设立在相应的费用项目中。在工业会计核算时，一般将“制造费用”账户设置明细账，并根据费用项目开设专栏，进行明细核算。

工业企业发生的各项制造费用，根据不同的制造费用记账依据，可以将制造费用的归集分为如下两种情况：

一般费用，如办公费、出差费等，发生制造费用时，根据支出凭证或其他费用分配表，计入“制造费用”借方账户所属有关明细账。

在每月结束的时候，在根据汇总编制的费用分配表，将材料、折旧和其他费用在“制造费用”科目中登记下来。

三、制造费用分配的核算

制造费用包含的内容繁多，费用项目性质迥异，因此，在生产过程中，需要采用合适的分配标准，制造费用分配才能合理与准确。制造费用的核算除了要控制成本，还要满足工业企业核算损益的需要。为此在选择制造费用分配标准时，应遵循的分配原则如下：

（1）相关性原则，即制造费用的发生与它的分配标准有密切的联系。

（2）比例性原则，即待分配的制造费用与它的分配标准之间存在因果比例关系。

（3）可操作性原则，即制造费用分配标准的资料容易获得，并可以计量。

（4）相对稳定性原则，即确定制造费用分配标准之后，不随意改动。

在工业企业生产中，各生产车间的制造费用水平存在差异，因此，制造费用的分配应根据不同部门进行。制造费用采用的分配方法，应由工业企业自行决定。一经确定其分配方法，不得随意变动。

制造费用的分配方法如表 5–9 所示。

表 5–9　　制造费用的分配方法

制造费用的分配方法	生产工人工时比例法	计算公式为： 制造费用分配率=制造费用总额÷该车间各种产品生产工时总数 某产品制造费用分配额=该产品生产工人工时数×制造费用分配率 优点：容易取得所需的工时资料，劳动生产率与产品的费用水平相联系，此方法在实际中应用较广 缺点：如果各种产品在生产过程中有很大的工艺过程机械化差异，就会产生分配结果和实际发生情况之间差异较大的后果 此方法一般适用于机械化程度低或工艺过程机械化程度基本相同的单位

续表

制造费用的分配方法	生产工人工资比例法	计算公式为： 制造费用分配率=制造费用总额÷该车间直接生产工人工资总数 某产品制造费用分配额=该产品生产工人工资数×制造费用分配率 优点：容易取得工资资料，计算简便 缺点：制造费用与生产工人工资没有直接关系 此方法适用于工艺过程机械化程度或工人的操作技能基本相同的单位
	机器工时比例法	计算公式： 制造费用分配率=制造费用总额÷该车间机器工时总数 某产品制造费用分配额=该产品的机器工时数×制造费用分配率 优点：分配科学，计算精准，能提供相关机器闲置时间的资料 缺点：收集机器工时的资料需大量的时间和成本 此方法适用于机械化程度较高，人工时间与机器小时无必然联系的单位
	年度计划分配率分配法	年度计划分配率的计算公式为： 制造费用年度计划分配率=年度生产单位制造费用预算总数÷年度该生产单位预计产量的定额工时数 根据年度计划分配率分配制造费用，其计算公式为： 某月某产品制造费用=该月该产品实际产量的定额工时×制造费用年度计划分配率 优点：年度内各月不调整差异，简化分配手续，并能及时计算产品成本 缺点：准确性不高 此方法适用于季节性生产、计划管理水平较高的单位

在实际工作中，制造费用分配计入产品成本，一般要编制制造费用分配表。制造费用分配表根据生产车间编制，借记“生产成本——基本生产成本”科目，贷记“制造费用”科目。其格式如图 5-3 所示。

制造费用分配表

车间： 年 月

应借账户	生产工时（小时）	分配率（元/小时）	分配金额（元）
合计			

图 5-3 制造费用分配表格式

习题：

1. 简述制造费用的内容。
2. 制造费用归集的方法是什么？
3. 制造费用分配应遵循的原则和核算方法是什么？

第六章　其他费用和损失的核算

第一节　外购动力费用的核算

本节关键词：

外购动力费用、外购动力费用的归集和分配、外购动力费用的核算

本节内容提要：

(1) 了解外购动力费用的基本概念。

(2) 学习外购动力费用的归集方法。

(3) 了解外购动力费用的分配。

(4) 掌握外购动力费用的核算方法。

本节的主要学习内容是外购动力费用的核算方法，但前提条件是，充分了解外购动力费用的概念、外购动力费用的归集和分配。本节通过图表将复杂难懂的内容清晰明了地讲述出来，方便读者快速掌握重要的知识。

一、外购动力费用的归集

外购动力费用是指在生产经营管理过程中，工业企业从外部购进的电力、热力等各种动力所支付的费用，不包括工业企业自产的动力。在实际工

作中，外购动力费用是先用后付的，即本月支付上个月发生的动力费用。因此，工业企业必须按权责发生制和配比原则，每月月末自行计量耗用的动力数量，确认各种动力所发生的动力费用。

外购动力费用的归集是根据耗用部门和用途进行的。其归集如表 6-1 所示。

表 6-1　　外购动力费用的归集

外购动力费用的归集	直接用于产品生产	如基本生产车间生产用电，应计入“生产成本——基本生产成本”科目
	间接用于产品生产	如基本生产车间照明、调温用电，应计入“制造费用”科目
	各辅助生产车间耗用	应计入“生产成本——辅助生产成本”科目
	专设销售机构耗用	应计入“销售费用”科目
	企业行政管理部门耗用	应计入“管理费用”科目

为了方便工业企业归集各种外购动力费用，工业企业可以在各部门安装计量仪表，通过计算公式，确定各账户归集的金额。其计算公式为：

某部门耗用的动力数量 × 该外购动力费用的单价 = 该账户归集的金额

二、外购动力费用的分配

基本生产车间的同一设备常常生产多种产品，不可能为生产的每一种产品都配上仪表，以计量其耗用的动力数量。因此，在生产的各种产品之间应选择合适的标准进行分配。采用的分配标准通常是生产工时比例、定额消耗量比例和机器功率时数比例。其分配的计算公式为：

某种产品的分配标准数额 × 动力费用分配率 = 该种产品分配的外购动力费用

在工业企业生产经营中，编制外购动力费用分配表是进行外购动力费用的归集、分配的前提条件。工业会计人员按该分配表编制记账凭证，并填制有关总账和明细账。

三、外购动力费用的核算

1. 外购动力费用支出的核算

工业企业在支付外购动力费用时，应该根据外购动力的用途，直接计入有关成本、费用账户，贷记“银行存款”科目。但在实际工作中，支付款项的时间不同于企业计算费用、成本的时间。因此，为了减少工作量，在外购动力费用付款时，可通过“应付账款”账户核算，借记“应付账款”科目，贷记“银行存款”科目。

当供应单位每月支付动力费用的日期大体上不变，且每月付款日到月末的耗用数量相差不多时，也可以不通过“应付账款”账户，在付款时直接借记有关成本、费用科目，贷记“银行存款”科目。

2. 外购动力费用分配的核算

外购动力大多数直接用于产品生产，作为生产工艺用电，此动力费用应单独地计入“燃料及动力”成本科目；或间接用于生产，如生产车间照明用电；或用于经营管理，如行政部门用电。这些外购动力费用的分配，在有仪表记录时，应根据外购动力费用的计算公式计算；在工业企业内部没有仪表记录时，可按上述的标准进行分配。一般情况下，工业企业的每个部门和车间分别安装了电表，所以，外购动力费用也是按电度数分配。

为了加强对外购动力费用的核算和控制，生产工艺用电费和其燃料费组合为一个成本项目。因此，如果电费直接投入生产，则需单独设置“燃料及动力”的成本项目，填制“基本生产成本”总账账户，和“燃料及动力”有关明细账的成本科目；如果电费直接用来辅助生产、组织生产经营活动，则应按照实际情况分别计入“辅助生产成本”和“管理费用”总账账户和有关明细账的借方。如果动力费用直接计入某个账户时，应分别借记“生产成本——基本生产成本”、“制造费用”和“管理费用”科目，贷记“银行存款”科目。外购动力费用的分配表如图 6-1 所示。

外购动力费用的分配表

车间名称：　　　　　　　　　　年　月　日　　　　　　　　　　单位：元

应借账户		成本或费用项目	外购动力、电力费用分配			
			生产工时	分配动力费	分配电费	合计
基本生产成本						
	小计					
制造费用						
合计						

图 6-1　外购动力费用的分配表格式

外购动力费用分配的计算公式为：

$$分配率 = \frac{共同耗用外购动力费用总额}{各种产品分配标准数额之和}$$

某种产品应分配的外购动力费用 = 分配率 × 该种产品分配标准数额

【例】A 工业企业生产甲、乙两种产品，工艺耗用外购电力 50000 度，每度电单价 0.1 元，共耗用外购电力费用总额 5000 元。甲产品实用工时 30000 小时，乙产品实用工时 10000 小时。

$$实用工时分配率 = \frac{5000}{30000 + 10000} = 0.125$$

甲产品应分配外购电力费用 = 30000 × 0.125 = 3750（元）

乙产品应分配外购电力费用 = 10000 × 0.125 = 1250（元）

习题：

1. 简述外购动力费用的核算。
2. 外购动力费用的归集方法是什么？
3. 外购动力费用分配的计算公式是什么？

第二节 低值易耗品的核算

本节关键词：

低值易耗品、低值易耗品的核算

本节内容提要：

（1）了解低值易耗品的特点。

（2）熟知低值易耗品的分类。

（3）掌握低值易耗品的明细核算。

（4）掌握低值易耗品的总分类核算。

本节介绍的内容有低值易耗品的特点和分类，低值易耗品的明细分类核算和总分类核算，并具体讲述低值易耗品的价值摊销方法。由于低值易耗品的核算与材料、固定资产的核算有共同之处，因此，结合前面学习的材料核算和固定资产的核算，更容易掌握本节低值易耗品的核算。

一、低值易耗品的特点

一般情况下，工业企业的低值易耗品满足两个条件：①单位价值在规定限额以下。②使用年限不满一年。符合以上两个条件且不能列为固定资产的各种物品都属于低值易耗品，如工具、管理用具和玻璃器皿等。

低值易耗品种类繁多，单位价值低，使用时间短，需要经常补充，因此，用流动资金购置低值易耗品，决定了其核算与材料核算一致。站在低值易耗品在生产过程中所起的作用上分析，低值易耗品属于劳动资料，它与固定资产相同，都可以多次参加生产过程，而不改变其原有的实物形态。但是，在生产过程中，低值易耗品需要经常修理，报废后也会有一定的残值。

由于低值易耗品的特点，工业企业为了适应生产需要，应将它和固定资产进行区分，用流动资金进行购置，列入储备资金管理。由此可以看出，低值易耗品的核算与材料、固定资产的核算之间，既有不同点又有相同点。对比说明如表 6–2 所示。

表 6–2　　低值易耗品与材料、固定资产之间的对比

	相同之处	不同之处
低值易耗品与材料相比	都是用工业企业流动资金进行购置的，低值易耗品和材料的采购、收入的核算都相同	在生产过程中，材料是一次性被消耗掉，并改变其原有的实物形态。而低值易耗品则不同，它的消耗价值可一次或分次计入生产成本，不改变其原有的实物形态
低值易耗品与固定资产相比	低值易耗品和固定资产的消耗价值都是分次地、部分地计入生产成本	它们的解决来源不同，固定资产利用的是基本建设渠道或是更新改造，而低值易耗品则利用的是工业企业核定的定额流动资金，并成为工业企业储备金的一部分

二、低值易耗品的分类

由于低值易耗品种类繁多，在生产过程中的作用不同，且其管理和核算也有特殊之处，因此，为了加强管理，便于核算，将低值易耗品按其用途进行分类，如表 6–3 所示。

表 6–3　　低值易耗品的分类

低值易耗品的分类	通用工具	在生产工艺过程中通用的工具，如各种刀具、量具和夹具等
	专用工具	专门用来生产某种产品的工具，如专用的模具、刀具等
	包装容器	用于储存、保管材料和产品的各种容器，此容器既不出售，也不外借
	管理用具	管理部门使用的各种办公用具，如椅、箱、柜、仪器等
	其他	不属于以上各类的物品，如灭火器等

三、低值易耗品的核算

在核算工业企业低值易耗品的成本时，应设置“低值易耗品”账户，

“低值易耗品”属于资产类账户。将已验收入库低值易耗品的成本计入该账户的借方，将发出的低值易耗品成本计入该账户的贷方。

1. 低值易耗品的明细核算

低值易耗品具有种类繁多，收发频繁，流动性大的特点，所以为了做好库存低值易耗品的核算工作，必须加强低值易耗品的明细分类核算。事实上，低值易耗品的明细核算基本同于材料的明细核算，不同之处在于低值易耗品的明细核算不仅需要财务部门进行核算，同时还需要使用部门参与核算。

使用部门根据明细核算工作的需要，设置必要的账卡，记录其领用、转移和结存等情况；财务部门根据使用部门登记的信息设置明细账及其摊销明细账，有时，为了简化手续，可将这两种明细账合并为“在用低值易耗品及摊销明细账”，进行明细分类核算。使用部门担负着保护低值易耗品的安全完整的责任。因此，使用部门应按领用凭证，将低值易耗品进行分类，顺序编号并保管，作为低值易耗品的明细账。同时，为了便于与财务部门的低值易耗品明细账进行核对，还应设置“在用低值易耗品登记簿”。明细账和登记簿的格式如图 6–2 和图 6–3 所示。

在用低值易耗品及摊销明细账

使用单位：

年 月	摘要	计划成本			摊销			净值
		借方	贷方	余额	借方	贷方	余额	
	月初余额							
	领用							
	报废							
	摊销							

图 6–2　在用低值易耗品及摊销明细账格式

2. 低值易耗品的总分类核算

工业企业为了核算低值易耗品的计划成本及其价值损耗，于是设置了“低值易耗品”账户。为了清晰、准确地反映低值易耗品的损耗情况，工业企业在领用低值易耗品时，应根据不同情况，设置其具体的明细账户。本账

在用低值易耗品登记簿

使用单位：

年		凭证		摘要	合计 （减少用红字）	分类			
月	日	种类	号数			一	二	三	四
				月初结存					
				领用					
				报废					
				月末结存					

图 6–3 在用低值易耗品登记簿格式

户可以设为三个明细账户，即在库低值易耗品、在用低值易耗品和低值易耗品摊销。

在生产过程中，工业企业会计人员应根据低值易耗品的价值和使用期限的不同，采用一定的方法将低值易耗品的价值摊销计入“生产成本”。一般可采用的方法如表 6–4 所示。

表 6–4 低值易耗品的摊销方法

低值易耗品的摊销方法	按使用期限分次摊销法	凡单价超过规定标准，被归为低值易耗品的，应按低值易耗品的耐用期限，计算低值易耗品各月的平均摊销额。生产领用时，作分录如下： 借：待摊费用 　贷：低值易耗品 　　材料成本差异——低值易耗品成本差异 　　（节约差用红字） 当分期摊入成本时，作分录如下： 借：车间经费 　企业管理费 　贷：待摊费用
	一次摊销法	凡单价少于 20 元的管理用具和小型工具，在领用时可一次摊销，借记“车间经费”和“企业管理费”等科目，贷记“低值易耗品”科目。生产领用时，作分录如下： 借：车间经费、企业管理费等科目 　贷：低值易耗品 　　材料成本差异——低值易耗品成本差异 　　（节约差用红字）
	产品产量摊销法	当低值易耗品的价值损耗和产品产量具有一定比例关系时，常采用此方法，如生产某种产品使用的专用工具等。其计算公式为： $单位产品计划摊销额=\frac{低值易耗品原价}{预定使用期限的预计产量}$ 单位产品计划摊销额 × 当月实际产量 = 应计入当月生产成本助摊销额

续表

低值易耗品的摊销方法	净值摊销法	根据“低值易耗品的净值=低值易耗品的摊销价值×摊销率”的公式进行计算。一般月摊销率定为10%。采用此方法，每次摊销呈递减形式，低值易耗品报废之前，在账簿中仍留有一定的摊余价值
	五五摊销法	在领用低值易耗品时，摊销其价值的50%，在报废低值易耗品时，再摊销50%。此方法使用简便，常用于领用和报废数额均衡的物品，如经常使用的某些工具等

以五五摊销法为例，举例说明。

【例】A工业企业三车间，本月领用一批刀具，计划成本为5000元；本月报废一批刀具，计划成本为2600元，退收残料入库作价为500元，本月低值易耗品成本差异率是－10%，作分录如下：

(1) 领用时，按计划成本编制的会计分录为：

借：低值易耗品——在用低值易耗品（三车间）　　5000
　　贷：低值易耗品——在库低值易耗品　　5000

(2) 摊销低值易耗品的计划成本的50%，编制的会计分录为：

借：车间经费——低值易耗品摊销　　2600
　　贷：低值易耗品——低值易耗品摊销　　2600

(3) 报废低值易耗品的计划成本的50%，经扣除残值后，补提摊销的会计分录为：

借：车间经费——低值易耗品摊销　　800
　　贷：低值易耗品——低值易耗品摊销（三车间）　　800

(4) 结转报废低值易耗品时，分摊材料成本差异应编制的会计分录为：

借：车间经费　　260
　　贷：材料成本差异——低值易耗品差异　　260

习题：

1. 低值易耗品的特点是什么？

2. 简述低值易耗品的明细核算和总分类核算。

3. 低值易耗品的价值摊销方法有哪些？

第三节　生产损失的核算

本节关键词：

生产损失的核算、废品损失的核算、停工损失的核算

本节内容提要：

(1) 熟悉生产损失核算的任务。

(2) 了解废品的分类。

(3) 掌握废品损失的核算方法。

(4) 掌握停工损失的核算方法。

本节介绍的内容有生产损失的概念、生产损失核算的任务、废品的分类、废品损失的概念和核算方法、停工损失的核算方法。本节学习重点内容是废品损失和停工损失的核算方法。在工业企业生产过程中，产生生产损失是不可避免的，所以为了降低产品成本必须正确地核算生产损失，因此，掌握生产损失的核算方法是工业会计必学的重点内容。

一、生产损失核算概述

在工业企业生产过程中所发生的各种耗费称为生产损失。它主要分为废品损失和停工损失两类。为了充分利用经济资源，生产出更多的合格产品，减少生产损失，降低产品成本，不仅在生产技术上采取合理的措施，还需要对生产损失进行正确的核算。

生产损失的核算是控制损失的一项有效措施，其核算的任务有以下几点：

(1) 正确归集、计算生产损失。工业企业应选择合理的生产损失计算方法，根据生产环节、责任单位，进行生产损失的归集，以便工业企业提高计

算产品成本和盈利的正确性。

（2）及时揭示发生生产损失的原因和责任人。及时分析生产损失的原因，采取相应的措施进行处理，以便降低生产损失的数额。

（3）正确地进行生产损失的账务处理。根据生产损失产生的不同原因，采用不同的账务处理方法，然后分别计入产品成本或营业外支出。

二、废品损失

在生产制造过程中，质量不符合规定技术标准，不能使用或需要修复才能使用的产品，都属于废品。根据不同的标准，可以将废品进行分类，如图6-4所示。

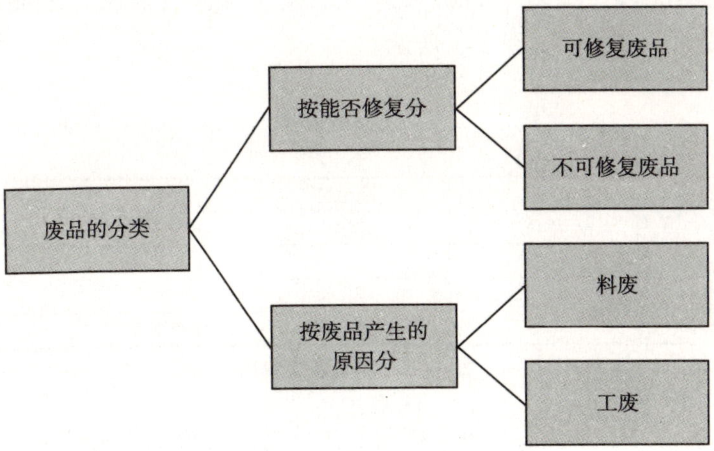

图 6-4　废品的分类

（1）可修复废品是指通过技术上的加工可以使用，且经济上比较合算的废品。

（2）不可修复废品是指通过技术加工可修复但在经济上不合算，或者技术上不可修复的废品。

（3）料废是指提供给工人不合格的材料或半成品，致使工人生产出的废品。

（4）工废是指工人不遵循有关规定操作程序生产等产生的废品。

在生产过程中，废品损失包括报废损失和修复费用。工业企业废品损失的计算公式为：

废品损失 = 废品的报废损失 + 修复费用

= 不可修复废品的生产成本 – 回收的材料 – 应收的赔款 + 可修复废品的修复费用

事实上，那些不返修但降价出售的不合格品的成本等于合格品成本；其售价与合格品售价的损失相同，应不作废品损失处理。如果把产品放进仓库保存的过程中，由于保管不善等原因导致损坏或变质的，其损失费用不能列为废品损失，应作为管理费用处理。

为了实行有效控制，分清责任，不仅需要对废品进行合理的处理，还应遵循一定的凭证传递程序。质检员发现废品后，应填制“废品通知单”。“废品通知单”的格式如图 6–5 所示。

废品通知单

车间：　　　　　　　　　　　　　　年　月

工号		图号		工序
废品名称	单位	数量	单位工时	总工时
合计				
废品原因			检查决定	

图 6–5　废品通知单格式

有时候，为了方便核算废品损失，更好地掌握废品损失情况，也会设置“废品损失”账户，并在成本项目中增设“废品损失”账户，以归集和分配废品损失。“废品损失”账户，应按产品品种设明细账，借方登记不可修复废品和可修复废品的费用；贷方登记向责任人收回的赔偿金额和不可修复废品的残料价值。若贷方发生额小于借方发生额，则称为废品净损失。通过归集，“废品损失”账户无余额。

废品损失的核算一般分为两种，即可修复废品损失的核算和不可修复废品损失的核算。

在合格产品成本中，包括不可修复废品的成本，因此，不可修复废品损失的核算比较复杂，一般采用的方法如表 6–5 所示。

表 6–5　　不可修复废品损失的核算方法

不可修复废品损失的核算	按废品所耗实际费用核算	废品报废前发生的费用和合格品一起借记“基本生产成本”明细科目，需将总的费用按照一定的比例分配，计算出废品的实际成本。然后将“基本生产成本”贷方账户余额转入“废品损失”借方账户
	按废品所耗定额费用核算	在生产过程中发现的废品损失，应根据废品的加工程度，折合成完工的合格品数量，进行废品的实际成本核算。如果企业产品具备健全、稳定的各项定额资料，则废品的生产成本可根据所耗定额费用进行核算

相对于合格品来讲，修复废品多了一个修复过程，增加了修复费用，一般包括材料费用、工资和制造费用。特别指出，如果要求负责人赔偿一部分修复费用时，废品损失应是从修复费用总额中扣除负责人赔偿款后的金额。如果当月产生废品，下月修复，则废品损失就填明在下月的成本单上。

当产品尚未入库，一旦发现可修复废品，应根据各种费用分配汇总表，将各要素费用账户借记“废品损失”科目。但是产品入库后才发现，则应将废品的生产成本借记“废品损失”科目；修复完毕，将废品损失从“废品损失”贷方账户转入“基本生产成本”借方明细账户；验收入库时，将成本转入“库存商品”账户。

【例】A 工业企业当月为修复某产品领用材料实际成本 800 元，生产工人工资 150 元，应负担车间经费 200 元，应负担企业管理费 150 元。根据有关费用分配表编制会计分录如下：

借：基本生产——废品损失——某产品　　　　1300

　　贷：原材料　　　　　　　　　　　　　　　　800

　　　　应付工资　　　　　　　　　　　　　　　150

　　　　车间经费　　　　　　　　　　　　　　　200

　　　　企业管理费　　　　　　　　　　　　　　150

废品损失的核算方法，需要根据废品损失的有关凭证，再登记废品损失明细账进行核算。以上的废品损失的核算都适用于基本生产车间产品。但是如果废品损失发生在辅助生产车间期间，则一般都不进行单独的核算。

三、停工损失的核算

工业企业的停工损失不同于其他企业，它是指生产车间在停工期间而发生的耗费，包括原材料费用、生产工人的薪酬和应负担的制造费用等。由于停电、机器故障、计划减产等原因造成的停工，可以从停工损失中扣除由负责人赔偿的金额。一般情况下，为了方便核算，如果停工时间不满一个工作日，则不计入为停工损失。

在工业企业发生停工时，应填制停工报告单，登记考勤记录。在单独核算工业企业的停工损失时，应设置“停工损失”科目，以核算停工期间所产生的各项费用。并设置停工损失明细账，根据费用项目设置其专栏，增设“停工损失”成本项目。停工期内发生的费用，按照停工报告单和其他费用的凭证，借记“停工损失”账户进行归集。从贷方账户中将负责人的赔款转入“其他应收款”的借方账户。在贷方账户中将停工净损失转入“生产成本——基本生产成本”借方账户。

修理期间停工的损失应计入产品成本，计入“制造费用”账户；其他各种停工损失计入“营业外支出”账户。在不单独核算企业的停工损失时，不设置“停工损失”账户，发生的停工损失费用应直接计入“制造费用”账户，修理停工和季节性停工发生的费用，应计入制造费用账户。

习题：

1. 生产损失的核算任务是什么？
2. 工业企业中，废品的分类有哪些？
3. 简述工业企业中废品损失和停工损失的核算。

第四节　辅助生产费用的核算

本节关键词：

辅助生产费用、辅助生产费用的归集和分配、辅助生产费用的核算

本节内容提要：

（1）了解辅助生产费用的意义。

（2）掌握辅助生产费用的归集方法。

（3）熟悉辅助生产费用核算任务。

（4）掌握辅助生产费用的分配方法。

本节主要介绍辅助生产费用的归集和分配方法、辅助生产费用的核算方法以及在辅助生产费用分配时应遵循的原则和分配程序、各种分配方法之间的特点。工业企业在生产经营过程中，不可避免地需要产生辅助生产费用。因此，认真学习本节知识，掌握辅助生产费用的核算方法，是本节学习的重要内容。

一、辅助生产费用的归集

工业企业的辅助生产，是指为基本生产服务而提供的产品生产和劳务供应。在辅助生产车间生产过程中所耗费的生产费用，即辅助生产费用。工业企业专门设置了辅助生产车间，是为了服务于基本生产车间的产品生产和管理工作。

为了正确计算工业企业产品成本，就需要及时、准确地计算辅助生产的产品成本。因为辅助生产成本直接影响企业的产品成本水平，所以，将辅助生产费用进行正确的归集和分配，加强其核算，对于降低辅助生产的成本、

正确计算产品成本具有重要意义。

为此，在核算辅助生产费用时，应做到以下几项：

（1）及时将辅助生产费用归集到一起，并正确核算辅助生产产品的成本。

（2）为了保证产品成本核算的正确性，首先要保证分配辅助生产费用的科学性。

（3）监督和控制辅助生产费用，以降低产品成本。

要想降低产品成本，需要及时地归集和分配辅助生产费用。对辅助生产费用进行归集的时候，应根据辅助生产的特点，设置“辅助生产明细账”，账中根据成本项目设立专栏，进行明细核算。将直接用于辅助生产的费用，应借记“生产成本——辅助生产成本”科目；如果辅助生产车间单设“制造费用”科目，发生的制造费用，应先借记“制造费用——辅助生产车间”科目，经汇总后，从“制造费用——辅助生产车间”科目的贷方直接转入“生产成本——辅助生产成本”科目的借方，以便计算辅助生产产品的成本。

由于工业企业有两种辅助生产车间：一种是提供材料、工具、模具等生产产品的车间；另一种是提供水、电和修理等劳务供应的车间。因此设置辅助生产明细账的方法也不相同。

劳务供应的辅助生产车间的设置，可根据车间设置“辅助生产明细账”，并根据需要设置专栏。月末，没有在产品，因此，当月发生的生产费用会全部分配。而生产产品的辅助生产车间的设置，应根据产品的成本计算单，按成本项目设立专栏。

二、辅助生产费用的分配

由于辅助生产的类型不同，它所提供的产品的性质、用途也不同，因此它的费用分配、转出程序也不相同。对于自制材料、工具等发生的辅助生产费用，应根据产品归集，完工入库后，计入“原材料”或“低值易耗品”账户；在领用时，再将其转入“车间经费”或“企业管理费”账户。

对于只生产一种产品的辅助生产车间，如提供水、电和蒸汽等车间所产生的费用，应在月末汇总后，按受益车间耗用的劳务数量进行分配。在分配时，借记“制造费用”科目，贷记“生产成本——辅助生产成本”科目。

1. 辅助生产费用的分配程序

辅助生产费用的分配程序分为以下两种：

一种是可以入库的产品，如自制材料、工具等产品的成本，应在产品完工入库时，从“生产成本——辅助生产成本”账户的贷方转入“原材料”账户的借方；或从明细账的贷方转入“低值易耗品”账户的借方。根据存货核算对辅助生产费用的要求，在领用的时候，需要借记“生产成本”、“管理费用”或“制造费用”等明细科目，且去除辅助生产费用在“原材料”和“低值易耗品”等贷方账户的有关信息。

另一种是以水、电、维修等劳务为代表的产品，则需要根据实际产品劳务数量进行分配。在分配时，应借记“生产成本——基本生产成本”、“管理费用”和“制造费用”等明细科目。且去除在“生产成本——辅助生产成本”贷方账户的有关信息。

2. 辅助生产费用的分配原则

辅助生产费用的分配，应遵循以下两个原则：

(1) 所有接受辅助生产车间提供服务的部门，均应负担辅助生产费用。能直接确认受益对象的，应直接计入耗用部门；相反，不能直接确认的，应按受益比例进行分配，遵循“多受益多分配，少受益少分配”的原则。

(2) 分配方法应以简单、合理、易行为原则。

3. 辅助生产费用的分配方法

在实际工作中，辅助生产费用的分配方法，常用的分配方法如表 6-6 所示。

三、辅助生产费用的核算

辅助生产的性质决定了辅助生产费用，而工业企业生产的产品负担了辅助生产费用。因此，辅助生产的产品成本的高低，直接影响了工业企业产品

表 6–6　　辅助生产费用的分配方法

辅助生产费用的分配方法	直接分配法	将辅助生产费用直接进行分配，不考虑各个辅助生产车间所提供的劳务情况。 优点：计算工作最简便，只需对有关的各受益单位分配一次。 缺点：当提供的产品或劳务量较大时，分配结果准确性较低。 适用范围：在辅助生产内部，不相互提供产品或劳务或提供产品、劳务量少，不进行费用的交互分配，不影响产品成本的情况
	交互分配法	在辅助生产车间进行生产费用的交互分配，然后将交互分配后的实际费用进行分配。 优点：提高了分配结果的正确性。 缺点：此分配方法需要计算两次分配率，进行两次分配，增加了计算工作量。 适用范围：在各辅助生产车间之间，提供产品或劳务量大，且提供的数量不平衡的工业企业
	代数分配法	根据多元一次联立方程的原理，将辅助生产费用进行分配的方法。 优点：分配结果最准确。 缺点：如果辅助生产车间较多，则需设很多未知数，计算工作比较复杂。 适用范围：适用于实现电算化的企业
	计划成本分配法	先根据计划单位成本进行分配，再通过计划成本的分配额和实际生产费用的差额进行调整。 优点：按计划单位成本分配，不仅简化计算工作，且加快分配速度；将计划成本与实际成本进行比较，便于考核辅助生产车间的执行情况，有利于分析企业内部的经济责任。 缺点：如果自制的计划单位成本不准确，则会影响分配结果的准确性
	顺序分配法	根据提供产品或劳务数量多少的顺序，进行排列分配的一种分配方法。 优点：分配结果的正确性高于直接分配法。 缺点：排列在后面的辅助生产费用不由排列在前面的辅助生产车间负担，因此，仍会影响分配结果的正确性。 适用范围：适用于各辅助生产车间之间，受益程序的顺序很明显的企业

成本水平。为了控制、降低辅助生产费用，必须正确核算辅助生产费用。

辅助生产的核算包括辅助生产的总分类核算和辅助生产的明细分类核算。在其总分类核算中，应设置“辅助生产”账户，而辅助生产的明细分类核算，则由辅助生产的类型决定。生产产品的辅助生产车间，应设置“辅助生产明细账”账户，并按成本项目分设专栏，然后根据待摊和预提费用分配表，要素费用分配表等相关凭证进行登记，月末汇总。在生产多种产品的辅助生产车间，它的明细分类核算与基本生产的明细分类核算一致，设置“辅助生产明细账”，并按各种产品或劳务，设置“成本计算单”，将当月发生的直接费用进行登记；间接费用发生时，应先计入“辅助生产明细账”，月末，再分配计入相关产品的成本计算单。

习题：

1. 简述辅助生产费用核算的任务。
2. 辅助生产费用的分配方法有哪些？它们有什么特点？
3. 辅助生产费用的分配程序是什么？

第七章　产品成本、在产品、产成品的核算

第一节　产品成本核算的基本概念

本节关键词：

产品成本核算、产品成本核算的要求、产品成本核算的程序

本节内容提要：

(1) 了解产品成本核算的任务。

(2) 掌握产品成本核算应遵循的要求。

(3) 熟悉产品成本核算的一般程序。

产品成本的基础部分是生产费用，在前文我们已经讲到了生产费用的核算方法。因此，通过对生产费用核算的学习，可以轻松掌握产品成本的核算。本节主要介绍产品成本核算的基础知识，包括产品成本核算的任务和要求，以及产品成本核算的一般程序。认真学习本节内容，为掌握产品成本核算的方法奠定基础。

一、产品成本核算的任务和要求

在工业企业中，为生产一定数量的某种产品所发生的各项生产费用称为产品生产成本。可见，生产费用是产品成本的重要组成部分，因此，生产费用的核算也是产品成本核算的重要部分。

产品成本核算指的是审核、分配和归集工业企业某一时期内的生产费用，并计算出各种产品的总成本。正确核算产品成本，有利于加强成本管理，控制费用支出，从而降低产品成本，提高经济效益。产品成本核算的任务可概括为以下几点：

（1）核算和监督生产费用的支出和其执行情况，促使工业企业遵守有关规定和制度，合理、节约地使用资源。

（2）对工业企业的所有费用进行归集和分配的依据是成本开支和成本项目，计算产品的成本，对企业的各项生产费用进行及时、正确的归集和分配，并计算产品的成本，监督产品成本计划的执行情况，以降低产品成本。

（3）核算在产品的增减变动情况，监督在产品的结存情况，并保证在产品的完整。

因此，为了正确核算产品成本，充分发挥其作用，应遵循的要求如表 7–1 所示。

表 7–1　　产品成本的核算要求

产品成本核算的要求	严格遵守国家规定的成本开支范围	工业企业成本开支范围： （1）生产经营过程中耗用的各种材料、燃料、备品配件和运输等费用。 （2）固定资产的折旧费、租赁费和修理费用。 （3）有关技术开发、新产品试制等产生的非固定资产的费用，购置测试仪器和样机的费用。 （4）按国家规定列入成本的福利费、职工工资、工会经费和职工教育经费等。 （5）产品包修、包换、包退的费用，废品的修复费用以及停工期间支付的工资等。 （6）财产和运输保险费、合同公证费、专有技术使用费，以及流动资金贷款利息。 （7）销售产品的包装费、广告费和管理费。 （8）差旅费、劳保费、取暖费、商标注册费等。 （9）经财政部审查批准的其他费用

续表

产品成本核算的要求	正确划清各种费用界限	划清应否计入产品成本的界限	工业企业发生的费用复杂多样，性质各异。因此，根据生产费用的用途，将与产品生产密切相关的生产费用计入产品成本；而非生产费用不计入产品成本，如期间费用、营业外支出等
		划清本期费用和以后各期费用的界限	工业企业一般按月核算生产费用，计算产品成本。所有由本期产品成本负担的费用，都应计入本期产品成本；相反，则应计入以后各期产品成本
		划清各种产品成本的界限	由某种产品负担的费用能直接确定，则应计入该产品的成本；为生产几种产品所共同发生的费用，应合理分配，计入各种产品的成本
		划清完工产品成本和在产品成本的界限	完工产品成本是指工业企业没有期末在产品而应负担的生产费用。采用适当的方法，合理区分完工产品和在产品，并正确计算产品成本
	合理选择资产计价和费用分配的方法	合理选择资产计价方法	资产计价是对产品生产过程中耗用资产的计价，包括耗用固定资产和存货的计价。资产计价方法指的是固定资产折旧方法、存货的计价方法和低值易耗品的摊销方法，在它们之间作出合理的选择，一经确定，不可随意变更。只有这样，成本核算资料才能具有真实性、一贯性
		合理选择费用分配方法	根据工业企业的实际情况，以合理、简便为原则，选择费用分配方法。由于分配标准的不同，费用分配方法也不尽相同
	加强成本核算的基础工作	建立健全原始记录制度	原始记录是成本核算的基础资料，如果原始记录不真实、完整，那么工业企业就无法核算成本。因此，工业企业必须建立健全原始记录制度，并制定相应格式的原始记录，如实填写，及时传递，以便提供可靠、有用的成本核算资料
		建立健全定额管理制度	定额是指工业企业在生产经营过程中对各种耗用所制定的标准，它的形式包括工时定额、费用定额和生产设备利用率等。定额管理制度是一种科学的管理制度，工业企业以定额为依据，安排计划，组织生产，控制消耗。企业应根据目前已达到的水平，结合定额管理制度的要求，加强对定额执行情况的检查工作，提高管理水平，定期修订定额
		建立健全存货的计量、验收制度	材料物资的收发、领退，成产品的入库等，都需要经过计量和验收。材料的验收和正确的计量，不仅为材料物资的计价提供重要数据，还保证了产品成本中的材料费用核算的正确性。因此，工业企业应建立健全计量和验收制度
		建立健全企业内部结算制度	内部结算是指企业领发材料物资，内部各单位相互提供产品而进行的一种收付清算。内部结算常采用内部转账方式。内部结算价格主要包括计划成本、实际成本和计划价格等。建立健全内部结算制度，有利于进行内部结算的工作

二、产品成本核算的一般程序

产品成本核算是从产品生产到产品完工为止的整个过程中所发生的费用核算。产品成本核算的一般程序如下：

1. 确定成本计算对象

成本核算对象是生产费用的归集对象，工业企业根据生产特点、规模大小和管理要求等，确定合适的产品成本核算对象。

2. 确定成本项目

按经济用途将生产费用划分为若干项目，这些项目既能反映成本的经济构成，又能反映生产产品所耗费的资金情况。一般情况下，工业企业直接对人工、材料、制造费用等项目进行调整，可以满足本身成本的管理需要。

3. 确定成本计算期间

工业企业的产品成本计算期受到本身组织特点的影响，所以，当企业进行大量、大批的产品生产时，产品成本的计算期等同于会计期间。企业在单件、小批生产时，产品成本的计算期间则等同于产品的生产周期。

4. 审核和确认生产费用

根据有关规定，严格审核和控制生产费用，确定其应否开支，如果应该开支，则开支多少。为了方便核算产品成本，当确定开支的生产费用后，不计入产品成本，并且还应当把本期费用和非本期费用划分出界限。

5. 生产费用计入产品成本

采用一定的方法，将计入产品成本的生产费用按照成本项目在各种产品之间进行分配和归集，并计算出各种产品的生产费用，进而计算每种产品的成本。

6. 计算完工产品成本

生产费用计入产品成本后，一般有三种情况：①无期初在产品，本月生产的产品全部完工时所发生的生产费用的合计，为该种产品的完工产品总成本。②本月生产的产品全部未完工，不计算完工产品成本时，归集到各产品的生产费用，为该产品的月末在产品成本。③同时具有完工产品和在产品，在这种情况下，应将月初在产品成本和本月产生的生产费用之和，在完工产品与月末在产品之间进行合理分配和归集，计算出完工产品成本。

习题：

1. 产品成本核算的任务是什么？
2. 简述产品成本核算的一般程序。
3. 产品成本核算应遵循哪些要求？

第二节　产品成本的核算

本节关键词：

产品成本核算方法、生产类型、产品成本核算的基本程序

本节内容提要：

（1）了解生产类型的分类。

（2）掌握产品成本核算方法的确定。

（3）学习产品成本核算的基本方法。

（4）掌握产品成本核算方法的程序。

本节主要学习产品成本核算的基本方法，包括品种法、分步法和分批法。通过介绍生产类型的划分标准，确定产品成本核算的方法。除此之外，本节还具体介绍了产品成本核算方法的一般程序。

一、产品成本核算方法的确定

产品成本核算方法是按照成本核算对象进行归集产品生产费用，并按期核算每个对象成本的方法。工业企业产品的生产过程决定了产品成本核算的

方法。所以，工业企业的产品成本核算方法，不仅受到工业企业生产类型的影响，还受到成本管理要求的影响。

生产类型是根据工艺过程和生产组织的特点进行划分的，其类别如表 7–2 所示。

表 7–2　生产类型

按工艺过程的特点划分	单步骤生产（简单生产）	工艺过程不间断，生产地点不分散。生产工艺简单，生产周期较短，常常重复生产
	多步骤生产（复杂生产）	生产工艺过程可以间断，可在不同时间、地点进行生产。生产工艺复杂，生产周期较长，产品品种繁多且不稳定
按生产组织的特点划分	大量生产	不断重复生产同种产品，产量大，品种少，生产稳定
	成批生产	按照产品的批别和数量进行生产。产品品种多，重复生产
	单件生产	按照购货单位的要求生产产品。产量少，品种多且很少重复生产

以上两种划分方法，既存在着区别，也存在着联系，因此，可以将两种划分方法相结合，重新划分生产类型，可以分为大量大批单步骤生产、大量大批连续式多步骤生产、大量大批装配式多步骤生产、单件小批装配式多步骤生产。

在实际工作中，工业会计的生产情况千变万化，因此成本核算的方法没有固定套路。如何选择合理的成本核算方法是正确核算成本的重要环节。事实上，产品成本核算方法的确定主要在于成本核算对象的特点。确定了成本核算对象，才能确定成本核算方法。在产品成本核算工作中，成本核算对象有三种。因此，根据成本核算对象，产生了品种法、分批法、分步法三种核算的基本方法。另外，除了以上三种基本方法，为了简化产品成本的核算手续，在产品种类繁多且生产量大的企业可以采用分类法核算成本；为了控制生产费用的支出，定额管理工作做得好的企业可以采用定额法核算成本，但无论采用哪种方法都必须结合上述三种基本方法，不能独立使用。

二、产品成本核算的基本方法

生产组织影响着成本核算。在成本核算中，分批法是不定期的，它与产品的生产周期一致，而品种法和分步法则不同，它们都是定期核算产品成本。根据生产过程中费用耗费程度不同，我们又把生产费用分为完工产品成本和在产品成本。运用品种法和分步法将生产费用在两者之间进行分配后，核算出两者的成本；而分批法则只计算完工产品成本，不计算在产品成本。

产品成本核算方法的具体内容如表 7–3 所示。

表 7–3　　产品成本核算的基本方法

产品成本核算的基本方法	基本概念	适用范围	特　点
品种法	以产品品种为成本核算对象，归集生产费用，计算各种产品成本	适用于大量大批单步骤生产，如采掘、发电、供水等；也可用于水泥厂、制糖厂等	(1) 产品的品种不同，要定期计算产品成本。 (2) 成本计算期与生产周期不同。 (3) 期末，如果有在产品，则需要在完工产品和在产品之间进行生产费用分配
分批法	按照产品的批别归集生产费用，计算产品成本	适用于单件小批生产的企业，如船舶制造、重型机器制造等企业。此外，也可用于新产品试制、工业性修理作业等	(1) 成本计算期是不定期的，它与产品的生产周期相同。 (2) 以购货者的订单或划定的产品批别作为成本核算对象。 (3) 不单独计算在产品成本
分步法	按照产品品种和其生产步骤归集生产费用，计算产品成本	适用于大量大批连续式多步骤生产，如纺织、冶金、化工等。此外，家用电器生产企业也可采用此方法	(1) 成本核算对象是产品品种和其各个生产步骤。 (2) 直接费用应直接计入成本核算对象；间接费用根据生产步骤进行归集，月末，分配后计入成本核算对象。 (3) 按月定期计算完工产品成本，其成本计算期与生产周期不同

三、产品成本核算方法的基本程序

1. 品种法的成本核算程序

(1) 按产品种类设置成本计算单，并根据成本项目设立专栏。

(2) 生产费用的归集。在企业生产经营中，产品生产有两种情况：一种是只生产一种产品，发生的所有生产费用都是直接费用，可根据费用分配表和相关资料直接计入成本计算单中，没有生产费用分配问题。另一种是生产多种产品，采用直接费用直接计入，间接费用分配计入的方法。

(3) 产品成本的核算。在产品成本核算中，也分两种情况：一种是没有在产品或数量很少时，不计算在产品成本，产品成本计算中所归集的生产费用，就是产品成本的完工产品成本；另一种情况是有在产品且数量很多时，则需要归集并分配生产费用，最后计算完工产品的成本。

2. 分批法的成本核算程序

(1) 根据订单或产品批别设置成本计算单，按成本项目设立专栏。若生产规模较大，则成本计算单应按批别设置，并采用平行结转法进行成本结转。

(2) 生产费用的归集。能按订单或产品批别划分的直接费用，应直接计入成本计算单；相反，不能划分的间接费用，则先按发出地点进行归集，再在各受益对象中进行分配。在实际工作中，间接费用的分配方法包括当月分配法和累计分配法两种。

采用当月分配法时，可按以下公式计算：

$$分配率=\frac{当月发生的间接费用}{当月分配标准总数}$$

某批产品应分配的间接费用 = 该批产品当月发生的分配标准 × 分配率

采用累计分配法时，可按以下公式计算：

$$累计分配率=\frac{各批产品累计间接费用}{各批产品累计分配标准总数}$$

某批完工产品应分配的间接费用 = 该批完工产品累计分配标准 × 累计分配率

(3) 产品成本的计算。在订单或一批产品完工之前所归集的生产费用，就是在产品成本；完工之后，才是完工产品成本。一般不单独计算在产品成本。

3. 分步法的成本核算程序

企业会计人员在实际工作中根据成本管理的不同要求，将分步法分为逐步结转和平行结转两种方式。

（1）逐步结转分步法。按照产品加工顺序，逐步计算、结转半成品成本。因此，产成品成本是所有步骤加工费用的累计相加，第二步骤的半成品成本等于第一步骤半成品成本加上第二步骤的加工费，第三步骤的半成品成本等于第二步骤半成品成本加上第三步骤的加工费，依次类推，直到完工。

（2）平行结转分步法。平行结转分步法只计算本步骤发生的生产费用，应计入产成品成本的“份额”，并从成本计算单中转出，将各步骤的“份额”平行地进行汇总，即可计算产成品成本。

习题：

1. 产品成本核算的基本方法是什么？

2. 简述产品成本核算的基本方法的特点。

3. 产品成本核算的基本程序是什么？

第三节　产成品的核算

本节关键词：

产成品核算的任务、产成品核算的内容、产成品的核算、产成品收发业务凭证

本节内容提要：

（1）了解产成品核算的主要任务。

（2）了解产成品的核算内容。

（3）熟悉产成品收发业务凭证的填制。

（4）掌握产成品的核算。

本节应学习的内容有产成品核算的主要任务和内容，产成品收、发业务凭证的填制格式以及产成品收发核算的明细分类账和总分类账。因此，在了解产成品核算任务的同时，只有掌握了产成品核算的方法，才能达到节约资金、加速资金周转的目的。

一、产成品核算的任务和内容

产成品是指工业企业完成全部生产过程并经验收符合质量标准，可按合同规定销售的产品，它是工业企业的生产成果，也是工业企业为国家提供的物质财富。产成品在完工入库后，应及时地发送给购货单位，但在实际工作中，往往因包装、选配和组织发运等原因，导致延误发送时间，这样就造成了产成品的库存。

产成品所占用的资金称为产成品资金，它是工业企业流动资金的重要部分。因此，为了节约资金，加速资金周转，工业企业必须加强产成品管理，制定产成品库存限量，严格进行产成品的验收、保管、发出以及加强产成品的核算。

产成品核算是指对库存产成品情况进行反映和监督的核算，其核算的主要任务可以概括为以下两点：

（1）核算产成品收入、发出和结存情况，严格遵守核算制度。

（2）监督产成品资金增减变化及销售计划合同的执行情况，保护产成品完整、安全，加速产成品资金周转。

以上是产成品核算的主要任务，为了完成任务，工业企业必须严格执行产成品管理的要求，建立完善的产成品收发保管制度，严格执行有关凭证手续，认真做好产成品的核算、清查工作。

在会计核算中，工业企业因供料方式、加工范围和质量不同，产成品表现的形式也不同。因此，产成品的组成内容如表 7–4 所示。

表 7–4　　产成品的组成内容

产成品的组成内容	自制产成品	工业企业使用自备原材料进行加工制造，且合乎标准规定和可供销售的产品。自制产成品分为四种：①正常生产的产品；②试制成功可供销售的新产品；③具有独立使用价值的产品；④准备出售的自制半成品
	可降价出售的不合格产品	工业企业使用自备原材料进行加工制造，其质量不合乎标准规定，但有使用价值，可降价出售的产品。由于产成品不包括不合格产品，因此，在统计产量和考察计划完成时，不计算不合格产品，但将其列入产成品核算范围

续表

产成品的组成内容	代制品	由外部委托企业供料，本企业代为加工的产品。工业企业加工的代制品加工成本只包括在加工过程中发生的费用，不包括由外部委托单位供料的价值
	代修品	由外部企业委托本企业代为修理的产品。工业企业修理的目的在于恢复原产品的功能或外观，不是制造产品。因此，代修品成本只包括在修理过程中发生的费用价值
	外购配套商品	工业企业从外部购入，与自制产品组合出售的产品。其特点是不需要进行任何加工，独立具备产成品性质

二、产成品收、发业务凭证

产成品的收、发，需要有合法的相关凭证作为依据，且产成品的入库、出库都需要遵循一定的手续，以保证产成品质量完好、数量准确、不错不漏，防止发生丢失、损坏和盗窃等情况。

1. 产成品入库的凭证

入库产成品主要是工业企业生产车间完工交库的产成品，另外，还包括购货单位退回的产成品和从外部单位购入的配套产品等。

生产车间完工的产成品，应根据交库产成品数量，由生产车间填写“产成品交库单”，并连同产成品交给检验部门，经检查合格后，送交成品仓库验收数量。仓库保管员经检验、核实产成品实际数量后，计入“产成品交库单”实收数量栏。“产成品交库单”一般一式三联，一联仓库留存，用来记录产成品明细账；一联退回生产车间，用来统计产量和备查工作；一联交财会部门，用来计算和结转产成品成本。“产成品交库单”不仅是记录产成品明细账的原始凭证，还是统计产量和计算完工产成品成本的依据。“产成品交库单”的格式如图 7-1 所示。

另外，对于返修后入库的产成品，应重新办理入库手续，由修理单位填写“返修产成品交库单”并送检验部门，经检验合格后，交仓库保管员检验入库。“返修产成品交库单”的格式与“产成品交库单”基本一致，但不同的是“返修产成品交库单”须注明“返修完工产成品”字样。

产成品交库单

成品仓库：

交库单位：　　　　　　年　月　日　　　　　　编号：

					合格	不合格		

图 7-1　产成品交库单的格式

“销货退回产成品入库单”是因某种原因发生退货时填写的凭证，工业企业查明原因，确认责任后，应及时办理入库手续，填写此单据，并注明退货单位、购货时间和入库日期等，由库管员检验入库，计入产成品明细账。

2. 产成品发出的凭证

仓库发出的产成品主要是对外销售，另外，还有因质量不合格退回，经返修后，再次发出的对外销售的产成品。产成品发出的凭证有两种：一种是提货单，另一种是“产成品返修出库单”。

(1) 提货单。工业企业销售的产成品，由销售部门填写销货发票凭证，经有关人员审核后，由工业企业专职人员办理提货手续，经保管员审核后，如数付货，然后根据提货单填写产成品明细账。在实务中，提货单连同发货票一次填写，发货票通常一式三联，一联交给发票购货单位；一联交销货单位，用来结算付款；一联提货单联，作为付货记账凭证。提货单的格式如图 7-2 所示。

提货单

购货单位：　　　　　　运输方式：

收货地点：　　　　　　编号：

图 7-2　提货单的格式

（2）产成品返修出库单。如果库存产成品因质量不合格等原因退回生产车间重新加工修理，则必须填写“产成品返修出库单”，由仓库保管员计入产成品明细账。工业企业用于产品展销的产成品，应及时办理出库凭证。

三、产成品收发核算

产成品收发的核算包括明细分类核算和总分类核算。

1. 明细分类核算

产成品明细分类核算与材料明细分类核算相同，不仅要根据产成品的规格和种类设置明细分类账，反映其收发、结存情况，还要反映成品资金增减、实际占用情况。

为了简化核算工作，在实际工作中，通常将产成品明细分类账设置一套账，由仓库负责数量核算，由财会部门负责金额核算。月末，根据产成品收入汇总表，由会计人员登记金额，根据月初结存数量、金额以及当月收入数量、金额，计算月末结存数量、金额，然后登记入账。

在实际工作中，为了核算方便，在按计划成本计价核算时，财会部门需要设置“产成品成本差异”明细分类账，以反映产成品成本差异和分配情况。按实际成本核算的明细分类账格式如图 7–3 所示。

产成品明细账

产品编号：　　产品名称：　　规格：　　储备定额：　　单位售价：　　计量单位：台

年		凭证编号	摘要	入库			出库			结存		
月	日			数量	单位	总成本	数量	单位	总成本	数量	单位	总成本

图 7–3 产成品明细账的格式

2. 总分类核算

为了全面、系统地反映产成品的收发和结存情况，应设置“产成品”总账账户。在采用实际成本核算时，“产成品”账户的借方反映入库的产成品以及对外销售的产品的实际生产成本；贷方反映产成品出库的实际生产成本；余额为借方。如果工业企业外购配套产品数量多且收入、发出业务频繁，工业企业则应设置“外购商品”账户。当外购配套商品时，根据发票、账单等凭证，将实际成本借记“外购商品”科目；当发出外购配套商品时，根据发票、账单等凭证，将实际成本计入该科目的借方。如果外购配套商品收发业务极少，应将其计入“产成品”科目进行明细分类核算。

月末，根据当月产成品交库单和产成品收入汇总表，填写产成品入库凭证。

习题：

1. 产成品核算的主要任务是什么？
2. 简述产成品的核算。
3. 简述产成品发出的业务凭证。

第四节　在产品的核算

本节关键词：

在产品概述、在产品数量日常清查、在产品的清查

本节内容提要：

（1）了解在产品的基本概述。

（2）熟悉在产品数量的日常清查。

（3）掌握在产品的清查。

企业生产情况的核算一般会出现三种情况，第一种是本月任务全部完成，没有在产品存在的情况，此时生产成本完全转化为生产费用；第二种是本月任务没有完成，此时的生产成本完全转化为在产品的成本；第三种是两者兼有，则核算时需要分别核算。本节主要讲述在产品的核算。

一、在产品概述

在产品又称在制品，是指企业在生产经营过程中，不能完全生产或还不能作为商品进行销售的产品，在产品包括企业各个车间正在加工的产品，已经完成一些生产步骤但是需要深度加工的半成品等。如果自制半成品已经对外销售，则不再属于在产品，而属于商品。

以上是在产品的广义概念，在产品的狭义概念是指工业企业的某一车间或某一生产步骤加工正在制作的产品。工业企业中的在产品一般是指狭义的在产品。在产品的数量核算要求同时具备账面核算实际盘点资料。工业企业既要做好商品的收发结存的日常核算，还应该做好在产品的清查工作。只有如此，工业企业才能从账面和在产品实际数量两个方面进行查核。这对工业企业管理生产资金、计算产品成本、管理在产品实物都具有重要意义。

但是工业企业的在产品数量多、品种繁，无法满足每个月进行盘点的要求，所以一般根据在产品的期末结存数量对在产品成本进行核算。通过“在产品收发结存账”对车间在产品的收发结存进行日常核算。

二、在产品的数量核算

在产品的数量核算通过在产品收发结存的日常记录和在产品的清查工作两个方面进行核算。

1. 在产品数量的日常核算

因为在产品处于工业企业各车间、工序的加工制作过程之中，所以由在产品所处的车间负责在产品数量的日常核算。通过“在产品收发结存台账”反映在产品收发结存的基本情况。因为“在产品收发结存台账”的登记常常发生在工作台上，所以又称“在产品台账”。在产品收发结存台账的格式如图 7–4 所示。

在产品收发结存台账

生产车间：　　　　零部件名称：　　　　编号：　　　　计量单位：

年		摘要	收入		转出			结存	
月	日		凭证号	数量	凭证号	合格品	废品	完工	未完工
		合计							

图 7-4　在产品收发结存台账

在产品台账的格式是根据在产品的生产特点和在产品采用的产量、工时记录的种类进行核算。在产品收发结存台账通常按照在产品零部件的名称、类别、批次进行填写，提供了在产品的动态核算，分别反映在产品的收入、转出和结存情况。

工业企业有时候为了工作方便，常常根据工业企业生产工艺的特点和内部管理的需要设置在产品台账，可以按照加工工序、工业流程等形式进行核算，各车间负责人需要及时进行登记。

在生产过程中，在产品属于转移频繁和存放地点分散的流动资产。组织在产品的收发结存数量核算必须填制相应的原始凭证，并且在产品台账随着货物流通，如随内部转移、送交检验、毁损报废甚至在产品的转入和转出等程序一起流通。

在产品内部转移必须填制转移交接单，注明在产品的名称、数量和转入转出车间名称，并签名盖章。如果发生在产品短缺、毁损和报废的情况，也必须及时填写相应的短缺单和报废单。

对在产品收发结存日常核算原始凭证的完善，对正确计算产品成本和规范生产流程等都有很重要的意义。

2. 在产品的清查

在产品定期或不定期的清查盘点不仅保护了在产品的安全完整，也核实了在产品实际结存数量，所以，对在产品的清查非常重要。

一般情况下，每个月的月末都要对在产品进行全面清查，甚至为了某些需要还应当进行不定期清查。在产品清查时，为免于重计和漏记在产品额，要求车间全体员工同时清点；清查完成后，根据实际情况填制“在产品盘点表”并和在产品台账核对，一旦发现有误，必须填制“在产品盘盈盘亏报告表”，说明在产品盘盈或盘亏的具体情况和原因，如果有较好的解决方法也可以写上去。至于报废和毁损的在产品，如果还能利用，则需要登记残值。

企业财务人员认真核对在产品的盘盈或盘亏数量、原因后，要报送主管部门审批，主管部门根据具体情况处理账务。发现在产品发生盘盈后，需要借记“基本生产成本”科目，贷记“待处理财产损溢”科目；报送批准核实后，在借记“待处理财产损溢”科目，贷记“制造费用”科目。

如果在产品发生了盘亏，则需要借记“待处理财产损溢”科目，贷记“基本生产成本”科目；报送批准核实后，根据原因做具体处理，其损溢价值也需要从“待处理财产损溢”中转移到其他借方账户中去。如果在产品发生的盘亏属于意外伤害造成的，则转移到“营业外支出”账户的借方；如果损失需要向过失人或保险公司索取赔偿额，则转入“其他应收款”账户的借方；如果属于正常损耗，则直接计入“制造费用”账户的借方。

习题：

1. 在产品的核算有什么重要意义？
2. 简述在产品数量的日常核算。
3. 简述在产品的清查核算。

第八章　工业企业会计报表

第一节　工业会计报表综述

本节关键词：

工业会计报表、会计报表的编制要求

本节内容提要：

(1) 了解工业会计报表的使用者。

(2) 学习《企业会计准则》的相关规定。

(3) 掌握工业会计报表的重要作用。

(4) 了解会计报表的分类。

(5) 掌握会计报表的编制要求。

掌握工业会计报表的编制要求是本节学习的主要内容，在此之前，了解工业会计报表的使用者、提供的主要信息以及会计报表的分类，也是本节学习的相关内容。因此，认真学习本节内容，按照会计报表的编制要求，遵循企业会计准则的相关规定，才能为会计报表使用者提供有用、全面的信息。

一、工业会计报表概述

2006年由财政部颁布的《企业会计准则第30号——财务报表列报》中的第二条规定：

财务报表是对企业财务状况、经营成果和现金流量的结构性表述。财务报表至少应当包括下列组成部分：①资产负债表；②利润表；③现金流量表；④所有者权益（或股东权益，下同）变动表；⑤附注。

在会计核算中，编制会计报表是会计核算的重要方法，也是会计核算工作的总结。由于会计记录的信息量大而分散，不能集中概况地反映工业企业经营和财务收支的全面情况。因此，必须整理和汇总日常会计记录，并编制会计报表。

工业会计报表与其他企业的会计报表基本相同。企业编制会计报表是为了向会计报表的使用者提供能使他们进行经济决策的信息，如投资、贷款、经营管理等决策。工业会计报表也同样是为了达到这种目的，那么在此之前，工业会计需要明确工业会计报表的使用者、工业会计报表的作用等问题。

工业会计报表的使用者如表8-1所示。

表8-1　　会计报表的使用者

工业会计报表的使用者	投资者	了解其投资的完整性、资本结构的变化以及投资报酬等信息
	债权人	了解企业的偿债能力、盈利能力和债权的保障程度
	政府及其经济管理部门	了解企业的经济、管理情况，国家政策规定的执行情况等信息
	企业管理当局	了解企业生产经营情况、经营成果和财务状况等信息
	其他使用者	债权人、财务分析人员、从业人员、经纪人等

可见，工业会计报表的使用者有很多，他们都需要根据会计报表上的信息做出相关的决策。然而，面对众多的会计报表使用者，工业会计报表是不可能达到为所有使用者提供全面、有用的信息这一要求的。因此，工业会计

报表具有局限性，它只能为主要使用者提供共同需要的信息。一般而言，工业会计报表主要提供以下信息：

（1）财务状况。提供工业企业在某一特定日期的各种资产、负债状况以及对资源的要求权。

（2）经营成果。提供工业企业经营活动在一定期间内所引起的资源状况和所有者权益变动情况及其结果的信息。如所有者权益的净增加，在经营过程中耗用的资产等有关收入、费用和利润的信息。

（3）财务状况变动。提供工业企业的现金流动情况及其结果的信息。

工业会计报表为其主要使用者提供了重要信息，它有如下几个重要作用，如表 8–2 所示。

表 8–2　　工业会计报表的重要作用

帮助投资者和债权人做出有效的决策	投资者和债权人是工业企业资金的主要来源，他们往往不直接参与工业企业的经营管理活动，因此，不能直接获得有用的信息。他们在进行投资等方面的决策之前，需要通过工业会计报表来了解工业企业的有关情况，以便做出相应的决策
反映工业企业管理当局的责任	在现代工业企业，投资者与企业管理当局之间是一种经济受托关系，企业管理当局控制并使用投资者投入的资金。因此，为了保护自身利益，投资者需要根据工业会计报表提供的信息，评估管理当局的委托经营责任及其工作完成情况
有利于工业企业做出经营决策和提高管理水平	通过工业会计报表提供的信息，企业管理当局可以完整、系统地了解工业企业的财务状况及其生产经营情况，从而评估工业企业的经营效率，做出合理的经营决策。同时，还能及时发现潜在的问题，并采取有效措施，从而提高企业管理水平
是政府及其经济管理部门对工业企业进行调控和管理的依据	通过工业会计报表提供的信息，政府及其经济管理部门可以全面了解工业企业的财务管理情况、经营成果和利润分配情况等。这样不仅能够加强财政监督，促使企业遵纪守法，还能保证国民经济的发展和稳定

会计报表的种类有很多，从总体上来讲，它分为对外报表和对内报表两类。工业企业对外报表的格式、编制要求等都是由国家财政部统一规定的。而工业企业的对内报表则根据管理当局的需要，由工业企业自行编制。

工业企业的会计报表，按不同的标准进行分类，如图 8–1 所示。

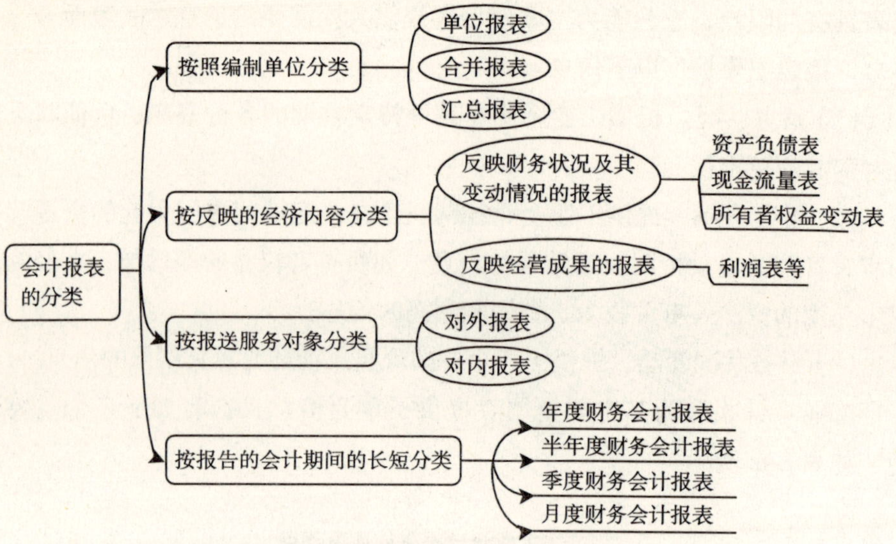

图 8–1　工业企业会计报表的分类

工业企业会计报表附注是对会计报表内容所作的解释，正如《企业会计准则第 30 号——财务报表列报》第三十一条所规定的：

附注是对在资产负债表、利润表、现金流量表和所有者权益变动表等报表中列示项目的文字描述或明细资料，以及对未能在这些报表中列示项目的说明等。

另外，附注披露顺序一般应当按照《企业会计准则第 30 号——财务报表列报》第三十三条规定：

①财务报表的编制基础。②遵循企业会计准则的声明。③重要会计政策的说明，包括财务报表项目的计量基础和会计政策的确定依据等。④重要会计估计的说明，包括下一会计期间内很可能导致资产、负债账面价值重大调整的会计估计的确定依据等。⑤会计政策和会计估计变更以及差错更正的说明。⑥对已在资产负债表、利润表、现金流量表和所有者权益变动表中列示的重要项目的进一步说明，包括终止经营税后利润的金额及其构成情况等。⑦或有和承诺事项、资产负债表日后非调整事项、关联方关系及其交易等需要说明的事项。

同时，关于工业会计报表的附注披露，还应该遵循《企业会计准则第 30 号——财务报表列报》中的其他规定：

三十四、企业应当在附注中披露在资产负债表日后、财务报告批准报出日前提议或宣布发放的股利总额和每股股利金额（或向投资者分配的利润总额）。三十五、下列各项未在与财务报表一起公布的其他信息中披露的，企业应当在附注中披露：①企业注册地、组织形式和总部地址。②企业的业务性质和主要经营活动。③母公司以及集团最终母公司的名称。

二、工业会计报表的编制要求

编制工业会计报表是为了提供全面、系统的信息，以便发挥会计报表的作用，做出合理的决策。因此，编制工业会计报表必须符合一定的编制要求，才能保证会计信息的质量。一般而言，会计信息质量需要达到可靠性、相关性、完整性、可理解性、及时性等。

编制工业会计报表应当符合《企业会计准则第 30 号——财务报表列报》的基本要求，其规定如下：

1. 企业应当以持续经营为基础，根据实际发生的交易和事项，按照《企业会计准则——基本准则》和其他各项会计准则的规定进行确认和计量，在此基础上编制财务报表。企业不应以附注披露代替确认和量。以持续经营为基础编制财务报表不再合理的，企业应当采用其他基础编制财务报表，并在附注中披露这一事实。

2. 财务报表项目的列报应当在各个会计期间保持一致，不得随意变更，但下列情况除外：

（1）会计准则要求改变财务报表项目的列报。

（2）企业经营业务的性质发生重大变化后，变更财务报表项目的列报能够提供更可靠、更相关的会计信息。

3. 性质或功能不同的项目，应当在财务报表中单独列报，但不具有重要性的项目除外。性质或功能类似的项目，其所属类别具有重要性的，应当按其类别在财务报表中单独列报。重要性，是指财务报表某项目的省略或错报会影响使用者据此做出经济决策的，该项目具有重要性。重要性应当根据企业所处环境，从项目的性质和金额大小两方面予以判断。

工业会计报表应根据审核无误的账簿记录和有关资料进行编制，认真对账和结账，以保证会计报表的数字真实可靠、内容完整。另外，工业会计报表必须及时报送，以保证会计信息的价值，满足报表使用者的需求。如果会计报表不能将有用的信息及时提供给使用者，那么，即使信息再真实、完整，也会失去它应有的价值。可见，工业会计报表的及时性和相关性是提供信息的必要条件。因此，只有符合以上基本要求，工业会计报表提供的信息才能具有应有的价值，工业会计报表使用者才能做出合理的决策。

另外，编制工业会计报表需要一定的方法，因为编制会计报表时需要账簿资料，而这些资料有的可以直接取得，有的则需要整理和计算后才可以取得。因此，编制会计报表的方法可以概括为以下几点：

(1) 某个时期期末的现状指标，可根据有关凭证的余额直接填列。

(2) 某一期间的过程指标，可根据有关凭证报告期的期初余额、期末余额和累计发生额计算填列。

(3) 其他报表指标，必须根据核算资料进行整理、计算后填列。

习题：

1. 工业会计报表主要提供哪些方面的信息？
2. 工业会计报表的作用是什么？
3. 工业会计报表的编制要求是什么？

第二节　资产负债表

本节关键词：

资产负债表、资产负债表的编制

本节内容提要：

(1) 了解资产负债表的概念。

(2) 熟悉资产负债表的结构。

(3) 掌握资产负债表的格式。

(4) 掌握资产负债表的编制方法。

资产负债表是反映工业企业财务状况的报表，为企业提供正确、全面的信息，作出合理的经济决策，资产负债表是非常重要的信息依据。因此，掌握资产负债表的编制方法是工业会计人员必学的内容。本节主要介绍了资产负债表的结构、格式以及资产负债表的编制方法。

一、资产负债表的概念和作用

工业企业的资产负债表与其他企业没有什么不同，都是指企业在某一时期的财务情况的报表。它是根据平衡公式为基础编制的，即“资产 = 负债 + 所有者权益”。通过资产负债表，不仅有助于提供各种经济资源以及工业企业承担债务的能力，还可以向使用者提供全面的工业企业的生产经营能力、财务状况和资本结构等。另外，利用资产负债表，有助于分析工业企业资产的变动情况，以便合理取得和运用资金，作出相应的经济决策。

二、资产负债表的结构和格式

工业企业的资产负债表，采取了“资产总额 = 负债总额 + 所有者权益”的平衡对照结构。资产负债表的结构和内容如图 8-2 所示。

资产负债表的格式分为两种，即账户式和报告式。

1. 账户式

账户式资产负债表是根据“资产 = 负债 + 所有者权益”的平衡等式，利用“账户式”左右对称结构排列而成。目前，我国规定采用账户式，是因为

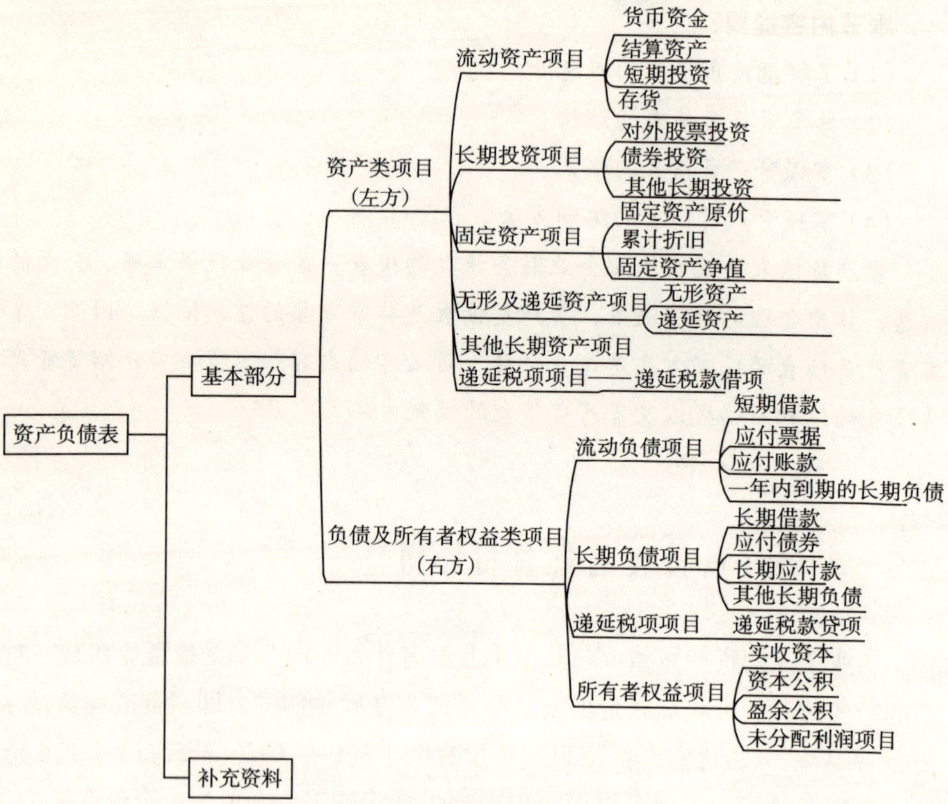

图 8–2　资产负债表的结构和内容

它不仅能够直观地显示资产、负债和所有者权益的关系，还能提供清晰明了的合计信息。

2. 报告式

报告式资产负债表即财务状况式，它是根据“资产 – 负债 = 所有者权益”的平衡等式，采取自上而下的方式排列而成。目前，国外的许多企业为了方便营运资本的核算，常常同时采用报告式和账户式。

三、资产负债表的编制

资产负债表是根据各相关的总账和明细账的期末余额进行编制的。资产负债表项目的设置不同于会计科目的设置，在资产负债表中的某些项目需要根据有关账户记录经整理、分析后才能填列。因此，为了说明资产负债表各项目的填列方法，先看一下资产负债表，如图 8-3 所示。

资产负债表

编制单位：　　　　　　　　　　年　月　日　　　　　　　　　　单位：万元

资产	期末余额	年初余额	负债和股东权益	期末余额	年初余额
流动资产：			流动负债：		
货币资金			短期借款		
交易性金融资产			交易性金融负债		
应收票据			应收票据		
应收账款			应收账款		
预付账款			预付账款		
应收利息			应付职工薪酬		
应收股利			应交税费		
其他应收款			应付利息		
存货			应付股利		
一年内到期的非流动资产			其他应付款		
其他流动资产			一年内到期的非流动负债		
流动资产合计			其他流动负债		
非流动资产：			流动负债合计		
可供出售金融资产			非流动负债：		
持有至到期投资			长期借款		
长期应收款			应付债券		
长期股权投资			长期应付款		
投资性房地产			专项应付款		
固定资产			预计负债		
在建工程			递延所得税负债		
工程物资			其他非流动负债		
固定资产清理			非流动负债合计		
生产性生物资产			负债合计		
油气资产			股东权益：		
无形资产			股本		
开发支出			资本公积		
商誉			减：库存股		
长期待摊费用			盈余公积		
递延所得税资产			未分配利润		

图 8-3　资产负债表格式

资产	期末余额	年初余额	负债和股东权益	期末余额	年初余额
其他非流动资产			股东权益合计		
非流动资产合计					
资产总计			负债和股东权益合计		

图 8-3 资产负债表格式（续）

下面根据图 8-3 所示的资产负债表的格式，说明资产负债表的填列方法。

资产负债表应设置“期末余额”和“年初余额”。根据工业企业上年末的“期末余额”填列“年初余额”，根据项目所在账户的发生额，直接填列“期末余额”。表头应填列编制单位、报表日期和金额单位等项目。

（1）直接根据总账余额填列。将总账中的余额直接填列入资产负债表的相关项目，如“交易性金融资产”、“短期借款”、“实收资本”等项目，应直接填列。

（2）根据多个总账余额计算填制。将分散在多个项目中的数据加总后填列在一个项目中，如“货币资金”项目，应当将“库存现金”、“银行存款”、“其他货币资金”账户的余额加总后，填列入“货币资金”项目。

（3）根据账户余额内容填制。分析相关的非流动资产和非流动负债账户的余额，将其中属于流动资产、流动负债的部分单独报告。例如，“长期借款”和“一年内到期的非流动负债”项目，需要根据“长期借款”科目的余额进行分析编制，将其余额中一年内将要到期的部分填列在“一年内到期的非流动负债”科目中，将剩余的金额填列在“长期借款”项目中。

（4）根据明细账的余额方向填制。根据明细账的余额方向，确定总账内容的性质，并进行编制。例如，“应付账款”和“预付账款”项目，应分析“应付账款”和“预付账款”总账的明细项目余额方向，将其中贷方余额加总后填列在“应付账款”项目中，将其中借方余额加总后填列在“预付账款”项目中。

（5）根据有关资产科目余额抵消后的净额填制。如“固定资产”项目，应根据“固定资产账户的期末余额 - 累计折旧账户的余额 - 固定资产减值准备账户的余额 = 净额”，将抵消后的净额填列。

习题：

1. 资产负债表的结构是什么？
2. 资产负债表的编制方法是什么？
3. 资产负债表的格式有哪几种？

第三节　利润表的编制

本节关键词：

利润表的作用、利润表的编制方法、利润表的结构和格式

本节内容提要：

（1）了解利润表在工业企业中的作用。

（2）熟悉利润表的结构和格式。

（3）了解利润表的内容。

（4）掌握利润表的填列方法。

本节的主要学习内容是利润表的填列方法，在此之前，先了解利润表在工业企业的作用，以及利润表的结构、内容和格式。本节具体讲述了利润表的多步式格式，认真学习多步式利润表，可以更容易地掌握利润表的填列方法。

一、利润表的概念和作用

利润表也称损益表，它是反映工业企业在一定期间的利润实现及其分配情况的会计报表。通过编制利润表可考核利润计划的执行情况，反映工业企业的管理业绩，解析利润增减变化原因，以及预测工业企业未来现金的流动情况。

利润表的作用可以归为以下几点：

（1）表明工业企业生产经营成果。利润表不仅可以反映工业企业的收入、成本和费用等情况，还可以真实、系统地反映工业企业生产经营的收益、成本耗费情况，以便分析企业的投入产出比例关系。利润表还可以将收入与成本费用相比较，以确定企业在一定会计期间的盈亏情况，表明企业的经济效益的好坏。

（2）分析和预测工业企业的收益能力。利润表能够反映营业外收支、营业利润和投资净收益等利润的明细情况，它是分析企业收益能力的重要资料。通过对营业利润的变化、营业外收支的变动等的分析，可以预测工业企业未来的收益能力。

（3）反映工业企业计划的执行情况。工业企业的各项工作都会发生收益和费用，通过收益和费用的比较，可以反映工业企业生产经营的综合情况，即工业企业的损益。利润表通过反映工业企业的经营情况，能够全面反映工业企业生产经营计划的执行情况。

二、利润表的结构和格式

利润表是一个动态报表，它的结构由基本部分和补充资料两部分组成。基本部分是反映工业企业在一定期间实现的利润和根据规定进行分配的情况。补充资料反映销售、费用、营业外收入或支出等详细情况。

为了对财务信息进行分析，利润表必须反映收入和费用的构成内容情况。利润表的格式和内容如图 8-4 所示。

工业企业的利润表有两种基本格式，即多步式和单步式。目前，我国通常采用多步式利润表。

1. 多步式利润表

在多步式利润表中，利润表具有一定的层次，能够清楚、直观地反映工业企业利润分配情况。随着社会主义市场经济的不断发展和企业制度的不断完善，企业会计报表也在不断改善，现在的利润表中界定了非常项目及其列

利润表

编制单位：　　　　　　　　　　年　月　　　　　　　　　　单位：元

项目			
1. 营业收入			
减：营业成本			
营业税金			
其他抵扣			
2. 营业毛利润			
减：销售费用			
管理费用			
财务费用			
3. 营业净利润			
加：投资净收益			
营业外收入			
减：营业外支出			
非常净损失			
4. 利润总额			
加：以前年度损益调整			
减：所得税			
5. 净利润			
加：前期未分配利润			
6. 可供分配的利润			
减：提取法定公积金			
提取法定公益金			
提取任意公积金			
分出利润			
7. 未分配利润			

图 8-4　利润表的格式和内容

示。美国会计准则委员会把非常项目规定为："非正常的和非经常发生的交易与事项。非正常是指与企业正常的和典型的活动显然不同，在判定什么是惯常或典型的活动时，不仅要考虑企业所属行业、经营类型、经营方式及经营习惯等，还必须考虑经营活动环境。非经常发生是指对这些事项在最近将来的再次发生不能作出合理的预期，这同样也必须考虑企业经营活动的环境。非正常和非正常发生这两项条件，缺一不可。"

在我国，多步式利润表一般分为以下几步：

（1）计算营业毛利润。

营业毛利润＝营业收入－营业成本－营业税金－其他抵扣

（2）计算营业净利润。

营业净利润＝营业毛利润－销售费用－管理费用－财务费用

（3）计算利润总额。

利润总额＝营业净利润＋投资净收益＋营业外收入－营业外支出－非常净损失

（4）计算净利润。

净利润＝利润总额＋以前年度损益调整－所得税

（5）计算可供分配的利润。

可供分配的利润＝净利润＋前期未分配利润

（6）计算未分配利润。

未分配利润＝可供分配利润－提取法定公积金－提取法定公益金－提取任意公积金－分出利润

以上利润分配项目有两种方式：一种是将利润分配项目列在利润表之外，另一种是将其列在利润表中。现行工业会计制度是采用第一种，将利润分配表单独编制。有时，为了更加清晰、系统地反映工业企业利润及其分配情况，企业会采用第二种方式。

多步式利润表能够科学、直观地反映企业利润及其构成内容，有利于分析工业企业生产经营情况和预测未来的利润能力。

2. 单步式利润表

单步式利润表是集中列示工业企业的收入和费用的构成项目，根据“收入总额－费用总额＝利润总额”的公式直接计算。单步式利润表格式简单，便于理解。单步式利润表的格式如图 8-5 所示。

利润表（单步式）

单位：元

收入与收益：			
营业收入			
投资净收益			
营业外收入			
成本与费用：			
营业成本			
营业税金			
销售费用			
管理费用			
财务费用			
营业外支出			
所得税			
净利润			

图 8-5　单步式利润表的格式

三、利润表的编制方法

由于利润表是一个动态报表，因此，要求提供时期数。利润表中“报告期金额”栏是各项目的当月实际发生数，应按有关利润类账户和“利润分配”账户的本期发生额分析填列。“本年累计金额”栏是年初至当月末的累计实际数，应根据“上月本表的本年累计金额 + 本月本表的报告期金额 = 本年累计金额”公式计算填列。例如，“营业成本”账户，应按“产品销售成本”、“其他业务支出”账户的发生额计算填列；其他项目，如营业税金、管理费用、投资净收益、非常净损失和所得税等，应根据有关利润类账户的发生额填列。对于前期未分配利润、提取法定公益金和分出利润等项目，应按“利润分配”账户的明细账户的发生额填列。

此外，利润表中的营业毛利润、净利润和未分配的利润等项目，应按有关项目之间的联系填列。对于“资本利润率”项目，其计算公式如下：

资本利润率 = 全年利润总额 ÷（固定资产原价全年平均余额 + 定额流动

资金全年平均余额）×100%

在编制利润表时，除了按照以上填列方法填列，还应明确表中各项目的内容，规范列示方式，以便填列准确无误。

习题：

1. 利润表在工业企业中的作用是什么？

2. 利润表的格式有哪两种？

3. 你学会利润表的编制方法了吗？请简单叙述。

第四节　现金流量表的编制

本节关键词：

现金流量表、现金流量表的编制

本节内容提要：

(1) 了解现金流量表的结构。

(2) 了解工业企业产生的几种现金流量。

(3) 学习现金流量表的基本要求。

(4) 掌握现金流量表的编制方法。

本节主要学习现金流量表的相关知识，具体介绍现金流量表的基本概念和结构以及现金流量表的内容和格式，重点讲述现金流量表的编制要求及填制方法。本节内容简单易懂，只要用心学习，就能轻松编制企业会计现金流量表。

一、现金流量表的概念和结构

现金流量表反映了工业企业在某一期间的现金收支情况。《企业会计准则第31号——现金流量表》规定：

二、现金流量表，是指反映企业在一定会计期间现金和现金等价物流入和流出的报表。现金，是指企业库存现金以及可以随时用于支付的存款。现金等价物，是指企业持有的期限短、流动性强、易于转换为已知金额现金、价值变动风险很小的投资。本准则提及现金时，除非同时提及现金等价物，均包括现金和现金等价物。

具体地讲，工业企业的现金流量表只是反映了工业企业的现金流入和流出，它为会计报表使用者提供工业企业在这一期间中现金流入和流出的具体信息，以便评价出工业企业收支现金的能力，从而预测工业企业未来的现金流量。

工业企业产生的现金流量有三种：

1. 经营活动产生的现金流量

工业企业的经营活动，是指工业企业的所有交易和事项，但不包括工业企业投资活动和筹资活动。其经营活动产生的现金流量包括提供劳务、购买商品和支付工资等流入和流出的现金。

2. 投资活动产生的现金流量

工业企业投资活动产生的现金流量不仅包括处置长期投资等流入和流出的现金，也包括长期资产的购建现金。

3. 筹资活动产生的现金流量

工业企业的筹资活动造成工业企业资本、债务的规模和构成发生变动的活动。它主要包括发行债券、吸收投资、分配利润等流入和流出的现金。

目前，我国工业企业现金流量表使用的是报告式结构，它由正表和补充资料组成。

正表的内容为：

(1) 经营活动产生的现金流量。

(2) 投资活动产生的现金流量。

(3) 筹集活动产生的现金流量。

(4) 汇率变动对现金的影响。

（5）现金及现金等价物净增加额。

补充资料的内容为：

（1）将净利润变成经营活动产生的现金流量。

（2）与现金收支无关的投资和筹资活动。

（3）现金及现金等价物净增加状况。

工业企业现金流量表的格式如图 8–6 所示。

现金流量表

编制单位：　　　　年　月　　　　单位：元

项　目	本年金额	上年金额
一、经营活动产生的现金流量		
销售商品、提供劳务收到的现金		
收到的税费返还		
收到的其他与经营活动有关的现金		
经营活动现金流入小计		
购买商品、接受劳务支付的现金		
支付给职工以及为职工支付的现金		
支付的各项税费		
支付的其他与经营活动有关的现金		
经营活动现金流出小计		
经营活动产生的现金流量净额		
二、投资活动产生的现金流量		
收回投资收到的现金		
取得投资收益收到的现金		
处置固定资产、无形资产和其他长期资产收回的现金净额		
收到的其他与投资活动有关的现金		
投资活动现金流入小计		
购建固定资产、无形资产和其他长期资产支付的现金		
投资支付的现金		
取得子公司及其他营业单位支付的现金净额		
支付其他与投资活动有关的现金		
投资活动现金流出小计		
投资活动产生的现金流量净额		
三、筹资活动产生的现金流量		

图 8–6　工业企业现金流量表格式

项　目	本年金额	上年金额
吸收投资收到的现金		
取得借款收到的现金		
收到的其他与筹资活动有关的现金		
筹资活动现金流入小计		
偿还债务支付的现金		
分配股利、利润或偿付利息支付的现金		
支付其他与筹资活动有关的现金		
四、汇率变动对现金的影响		
五、现金发现金等价物净增加额		
期初现金及现金等价物余额		
六、期末现金及现金等价物余额		

图 8–6　工业企业现金流量表格式（续）

二、现金流量表的基本要求

我国《企业会计准则》中的相关规定如下：

1. 现金流量表应当分别经营活动、投资活动和筹资活动列报现金流量。

2. 现金流量应当分别按照现金流入和现金流出总额列报。但是，下列各项可以按照净额列报：(1) 代客户收取或支付的现金。(2) 周转快、金额大、期限短项目的现金流入和现金流出。(3) 金融企业的有关项目，包括短期贷款发放与收回的贷款本金、活期存款的吸收与支付、同业存款和存放同业款项的存取、向其他金融企业拆借资金以及证券的买入与卖出等。

3. 自然灾害损失、保险索赔等特殊项目，应当根据其性质，分别归并到经营活动、投资活动和筹资活动现金流量类别中单独列报。

4. 外币现金流量以及境外子公司的现金流量，应当采用现金流量发生日的即期汇率或按照系统合理的方法确定的、与现金流量发生日即期汇率近似的汇率折算。汇率变动对现金的影响额应当作为调节项目，在现金流量表中单独列报。

三、现金流量表的编制

现金流量表的编制方法一般有两种，即直接法和间接法。

1. 直接法

直接法是指根据现金收支的类别，直接反映由工业企业在生产经营过程中产生的现金流量。采用此方法编制现金流量表，便于直观地揭示出工业企业在生产经营过程中产生的现金收支总额，并预测工业企业未来的现金流量。

2. 间接法

与直接法不同的是，间接法是从净利润开始，调整非现金业务的收入和费用项目，剔除影响现金流量的投资活动和筹资活动，以反映经营活动的现金流量。此方法便于编制，并能够反映本期利润和本期净现金流量之间的不同，有利于会计报表使用者获得准确的工业利润的信息。但此方法的调整过程不易理解，可操作性较差。因此，我国工业企业编制现金流量表时，通常采用直接法，但补充资料部分可采用间接法列报现金流量。

相对于资产负债表来讲，现金流量表的填列比较复杂，无法从账户中直接获得有关数据，必须经过一定的方法计算后填列。在财政部发布的《企业会计准则》中，推荐了工业企业现金流量表的编制方法，即工作底稿法和T形账户法。虽然通过分析有关账户记录，也可以编制现金流量表，但此方法并不常用。

现金流量表的编制方法如表8-3所示。

习题：

1. 简述现金流量表的基本要求。
2. 现金流量表的结构和内容是什么？
3. 具体介绍现金流量表的编制方法。

表 8-3　　现金流量表的编制方法

内容 编制方法	编制手段	编制基础	编制程序
工作底稿法	以工作底稿为手段	以利润表和资产负债表中的数据为基础	(1) 将资产负债表的期初数转入工作底稿的期初数栏，同理，将资产负债表的期末数和利润表的本期金额转入工作底稿的期末数栏。 (2) 分析当期业务，编制调整分录。 (3) 将调整分录转入工作底稿中相应的调整分录借方栏和贷方栏。 (4) 核对调整分录，审核借贷合计是否相等，资产负债表的期初数与调整分录中的借方金额相加或与贷方金额相减之后，是否等于期末数；利润表中，收入类的贷方调整数和成本类的借方调整数，应与期末栏中的期末数额一致。 (5) 根据工作底稿中的有关现金流量表科目的期末数，编制正式的现金流量表
T形账户法	以T形账户为手段	以利润表和资产负债表中的数据为基础	(1) 凡属于非现金的项目，应分别开设T形账户，根据原借贷方向，将各自的期末期初变动数转入各账户中。 (2) 开设“现金及现金等价物”T形账户，将其分为三个部分，即经营活动、投资活动和筹资活动。将现金流入计入借方，现金流出计入贷方。与其他账户相同，转入期末期初变动数。 (3) 根据资产负债表的变动，分析各个非现金项目的增减变动，并编制调整分录。 (4) 将调整分录转入各T形账户，并进行审核。当其全部过账完毕，各账户的借贷金额应该平衡。 (5) 根据记录的“现金及现金等价物”T形账户，编制正式的现金流量表

第五节　工业企业会计报表附注

本节关键词：

工业会计报表附注的意义、会计报表附注的内容、会计政策变更

本节内容提要：

(1) 了解会计报表附注的意义。

(2) 熟悉会计报表附注的内容和格式。

(3) 了解会计政策变更的条件。

(4) 学习会计政策的内容。

会计报表附注是工业企业会计报表的重要部分，因此，会计报表附注对全面了解企业的经营情况、提供准确的信息、做出合理的决策具有重要的意义。认真学习本节内容，了解会计报表附注的内容和格式以及会计政策变更的条件。

一、会计报表附注的意义

会计报表是按照《企业会计准则》编制而成的，它具有固定的格式和规范的内容，只能提供有限的信息。因此，只有编报补充资料才能充分了解会计报表的内容。

会计报表附注是会计报表的重要补充，是工业企业财务报告的重要部分，它主要是为了进一步说明会计报表中没有的、披露不详尽的内容。由于会计报表附注中的内容具有很强的技术性，且会计使用者常常只关注会计报表中的数据而忽略会计报表附注中的内容，因此，会计报表附注的分析工作显得十分重要。

会计报表附表是表格形式，对三张主表的项目和内容作进一步解释。而会计报表附注则是文字形式，除了对三张主表的项目作出解释，还对编制会计报表所采取的会计处理方法和程序作出解释。会计报表附注能为工业企业提供准确的信息、全面了解企业的经营情况并作出合理的判断。

二、会计报表附注的内容

会计报表附注主要包括以下几个方面的内容：

1. 工业企业概况

工业企业概况主要包括工业企业性质、注册资本、企业经营范围、法定代表人、主营业务和工业企业生产经营情况。

2. 主要会计处理方法

工业企业根据其生产经营的特点，采取合理的会计处理方法，以便正确地进行会计核算。由于会计报表中的信息是通过采用会计处理方法核算出的结果，因此，工业企业采用的会计处理方法不同，得出的会计报表也不同。如固定资产折旧核算，是采用年限平均法还是加速折旧法；购入存货的计价核算，是采用加权平均法还是先进先出法等。

3. 会计处理方法变更情况

根据工业企业的经营情况或国家规定，可以改变采用的会计处理方法，即会计处理方法的变更。会计核算的结果直接受到会计处理方法变更的影响，如企业原来采用的会计处理方法是先进先出法，将其变更为后进先出法时，会使工业企业销售成本上升，减少利润额。如果会计报表的使用者不了解会计处理方法的变更情况，则可能按照企业原来的会计处理方法来了解会计报表时，很可能做出错误的判断。因此，工业企业在变更会计处理方法时，应具体说明变更情况，并解释变更的原因，同时应说明变更会计处理方法后，对财务情况和经营成果的影响。

4. 非经常项目说明

非经常项目是指工业企业在生产经营过程中，因特殊的原因引起的不经常发生的事项。如地震、洪水、火灾等特殊原因。会计报表说明书对非经常项目进行详细的说明。

5. 重要事项说明

(1) 资产负债表日后事项。资产负债表日后事项有两类，即调整事项和非调整事项。《企业会计准则》规定：

调整事项包括：①资产负债表日后诉讼案件结案，法院判决证实了企业在资产负债表日已经存在现时义务，需要调整原先确认的与该诉讼案件相关的预计负债或确认一项新负债。②资产负债表日后取得确凿证据，表明某项资产在资产负债表日发生了减值或者需要调整该项资产原先确认的减值金额。③资产负债表日后进一步确定了资产负债表日前购入资产的成本或售出资产的收入。④资产负债表日后发现了财务报表舞弊或差错。

《企业会计准则》规定：

非调整事项包括：①资产负债表日后发生重大诉讼、仲裁、承诺。②资产负债表日后资产价格、税收政策、外汇汇率发生重大变化。③资产负债表日后因自然灾害导致资产发生重大损失。④资产负债表日后发行股票和债券以及其他巨额举债。⑤资产负债表日后资本公积转增资本。⑥资产负债表日后发生巨额亏损。⑦资产负债表日后发生企业合并或处置子公司。

（2）应收款项项目。应收款项可按图 8-7 所示的格式披露。

应收款项项目明细表

单位：元

账龄	期初余额			期末余额		
	余额	比例（%）	坏账准备	余额	比例（%）	坏账准备
1 年以内						
1~2 年						
2~3 年						
3 年以上						
合计						

图 8-7 应收款项项目明细表格式

（3）投资项目。投资项目是对当期发生的投资净收益进行说明，且应单独解释重大投资净损益项目；对短期投资、长期投资和长期股权投资等的期末余额。

（4）固定资产项目。固定资产项目是对固定资产的标准、分类和计价方法等进行说明，对各类固定资产的使用年限、折旧率等应明确说明。

三、会计政策变更

会计政策是指工业会计在核算时所遵循的原则、程序和方法。会计政策的内容如图 8–8 所示。

- 会计政策
  - 综合性会计政策
    - 合并政策
    - 外币业务
    - 估价政策
    - 租赁政策
    - 税收、利息、结账后事项
  - 涉及资产、负债、损益项目的会计政策
    - 资产项目
    - 负债项目
    - 损益项目
    - 其他

图 8–8　会计政策包括的内容

会计政策变更是指工业企业对某一类交易或事项由原企业的会计政策更改为另一种会计政策的行为。会计政策的变更必须依据《企业会计准则》制定机构的要求更改，一般情况下，会计政策一经确定，不得随意变更。只有满足《企业会计准则》中的条件之一，才可以变更会计政策，其规定为：

1. 法律、行政法规或者国家统一的会计制度等要求变更。2. 会计政策变更能够提供更可靠、更相关的会计信息。

《企业会计准则》还规定了不属于会计政策变更情况：1. 本期发生的交易或者事项与以前相比具有本质差别而采用新的会计政策。2. 对初次发生的或不重要的交易或者事项采用新的会计政策。

工业企业会计政策变更对当期或以后期间有重大影响时，应在会计报表附注中解释以下事项：①会计政策变更的理由；②已在当期确认的调整金额；③各期调整金额的对比资料。如果列报对比资料不能使用，应披露这一事实。

习题：

1. 会计报表附注的内容是什么？
2. 会计报表附注有什么重要之处？
3. 会计政策变更的两个条件是什么？

第九章 会计制度与组织管理

第一节 会计机构

本节关键词：

会计机构、会计机构实务负责人、会计机构要求

本节内容提要：

(1) 了解会计机构的意义。

(2) 熟悉会计机构的原则。

(3) 了解会计机构实物负责人。

(4) 学习会计机构的10项要求。

会计机构是工业企业中最直接的会计办公机构，工业企业领导人能通过会计机构了解企业的发展趋势和投资情况，本节主要讲述会计机构的意义、会计机构的原则、跨级机构的实务负责人及会计机构的要求。

一、会计机构的意义

会计机构是指工业企业办理会计事务的职能部门，有执行会计制度、组织领导和直接从事会计工作的责任。一个健全的会计机构是做好跨级工

作的基本要求，因此，健全的会计机构是做好会计工作，发挥会计职能的基本保障。

而会计的基本职能是对工业企业的经济活动和过程进行反映和监督，为了充分发挥会计的职能，尤其是会计的监督职能，首先一定要保证会计业务处理的专一性，会计监督职能的独立性，因此不能使会计部门受到其他部门的干扰；设立专门的会计机构，不仅可以保证会计业务有组织、有秩序、有计划地完成，还可以实施会计部门的监督权力，明确会计工作的范畴、内容、责任等，在这些方面，会计机构都具有非常重要的意义。

《会计法》第三十六条规定：

各单位应当根据会计业务的需要设置会计机构，或者在有关机构中设置会计人员并指定会计主管人员。不具备设置条件的，应当委托经批准设立从事会计代理记账业务的中介机构代理记账。国有的和国有资产占控股地位或主导地位的大、中型企业必须设置总会计师。

根据以上规定可以得出，会计机构的设立受到三个方面的影响：①工业企业规模的大小；②工业企业中经济业务和财务收支的多少；③工业企业本身的管理要求。

所以，对于一个工业企业来讲，它可以根据会计业务的需求自行决定；一旦设立专门会计机构，就需要配置相应的会计人员；小型工业企业可以不设置专门会计机构，但是必须指定会计主管人员。但是有的工业企业部门甚至都无法指定会计主管人员，此时就需要委托中介机构代理记账，大中型工业企业必须设置总会计师。会计机构如图 9-1 所示。

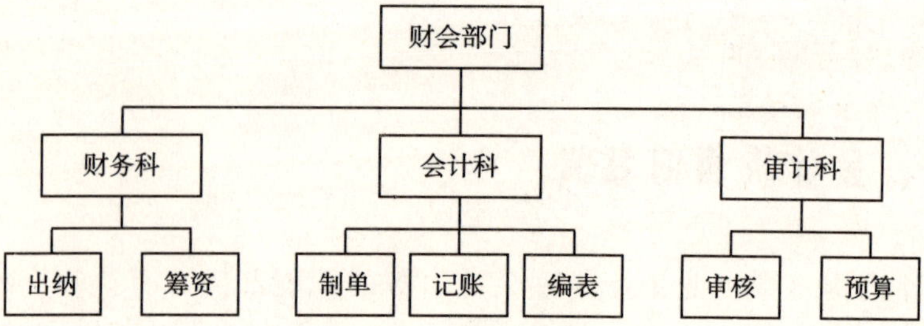

图 9-1　会计机构

二、会计机构的原则

1. 适应性原则

会计机构的设置与工业企业的类型和业务规模有着密切关系，不同类型的工业企业，会计机构也不相同；业务规模不同，工业企业的会计机构也不相同。如果工业企业的经营类型简单，业务量也不是很大，那么可以设置小的会计机构；反之，工业气的经营类型复杂，业务量也很多，则需要设置大的会计机构，这就是会计机构的适应性原则。但是随着社会发展，工业企业制度不断完善，传统财会部门隶属行政级别的情形已经消失。实际工作中大中型工业企业的财会部门称为“处”；小型工业企业的财会部门称为“科”或“室”。

2. 成本效益原则

通过财务会计报表，能够反映出工业企业的资金流转和运营，所以会计机构只有遵循成本效益的原则，才能达到成本的最佳效果。

3. 牵制性原则

会计机构虽然已经成为独立部门，但是由于每个部门之间具有内在关联，所以会计机构具有牵制性原则。运用会计机构，不仅控制了工业企业的经营运作，还明确了各个部门之间的职责和具体工作内容；不仅能够相互制约和监督，还能提高会计信息质量。

4. 效率性原则

搞好会计工作的基本条件就是设立会计机构。合理设计会计机构，不仅可以使工业企业各部门人员各司其职，也避免了机构臃肿，提高了工业企业各部门的办事效率。

三、会计机构的实务负责人和要求

每个大中型工业企业基本上都需要有专门的实务负责人，这个人被称为会计机构负责人或会计主管人员，会计机构负责人是在工业企业中负责会计工作的中层领导。《会计法》中提到，对于每个工业企业而言，都应当根据本身的需要设置会计人员并指定会计机构负责人。会计机构负责人不仅需要有会计从业资格证，还应该拥有会计师以上的专业技术职务资格，甚至要求必须从事会计行业三年以上，会计机构负责人一定要具有较高的政治素质和政策业务水平。

习题：

1. 工业会计中会计机构的意义是什么？
2. 工业会计中会计机构的原则是什么？
3. 工业会计中会计机构的要求有哪些？

第二节　会计人员

本节关键词：

会计人员、会计工作岗位设置、职业要求

本节内容提要：

(1) 了解会计工作岗位设置的要求。

(2) 熟悉会计人员的职业道德。

如果把资金比作工业企业中流转的血液，那么会计人员就是工业企业的心脏，会计人员通过对资金的推动、流转和调拨，带动了整个工业企业的发展。

一、会计工作岗位设置的要求

工业企业中的会计工作岗位，是指工业企业会计机构内部根据业务分工而设置职能岗位。不同业务设置不同会计岗位，不仅明确了分工制度，还提高了效率和质量，使会计工作进入正常化和规范化。会计人员的合理安排是会计工作岗位设置的体现，因此国家专门对从事会计工作岗位的人员设立《会计基础工作规范》，在第二章中对会计人员作出如下要求：

(1) 各单位应当根据会计业务需要配备持有会计证的会计人员。未取得会计证的人员，不得从事会计工作。

(2) 各单位应当根据会计业务需要设置会计工作岗位。会计工作岗位一般可分为：会计机构负责人或者会计主管人员，出纳，财产物资核算，工资核算，成本费用核算；财务成果核算，资金核算，往来结算，总账报表，稽核，档案管理等。开展会计电算化和管理会计的单位，可以根据需要设置相应工作岗位，也可以与其他工作岗位相结合。

(3) 会计工作岗位，可以一人一岗、一人多岗或者一岗多人。但出纳人员不得兼管审核、会计档案保管和收入、费用、债权债务账目的登记工作。

(4) 会计人员的工作岗位应当有计划地进行轮换。

(5) 会计人员应当具备必要的专业知识和专业技能，熟悉国家有关法律、法规、规章和国家统一会计制度，遵守职业道德。会计人员应当按照国家有关规定参加会计业务的培训。各单位应当合理安排会计人员的培训，保证会计人员每年有一定时间用于学习和参加培训。

(6) 国家机关、国有企业、事业单位任用会计人员应当实行回避制度。单位领导人的直系亲属不得担任本单位的会计机构负责人和会计主管人员。会计机构负责人、会计主管人员的直系亲属不得在本单位会计机构中担任出纳工作。需要回避的亲属为：夫妻关系、直系血亲关系、三代以内旁系血亲以及配偶的直系血亲关系。

二、会计人员的职业道德

会计在工业企业中属于比较重要的职业，在很多法律上都对会计行业作出重要规范，根据《公民建设实施纲要》和国际上会计职业的一般要求，会计职业道德一般包括爱岗敬业、诚实守信、廉洁自律、客观公正、坚持准则等。身为会计人员一定要严守职业道德，维护国家利益，抵制一切有违工业企业、国家的违法乱纪和贪污盗窃的行为。所以对一般会计人员做出以下明确要求：

1. 思想道德素质要强

每一个人的价值行为都受到其思想支配，毫无例外，会计人员只有拥有正确的会计行为，才能拥有正确的个人价值取向，所以我们首先要求会计人员具有正确的世界观、人生观和价值观，在我国社会主义制度下的会计人员，必须努力学习马克思列宁主义、毛泽东思想、邓小平理论、“三个代表”以及“八荣八耻”等重要思想。合理运用马克思主义分析矛盾，解决问题。

其次还要求会计人员具备高尚的道德情操，这是一种甘于奉献，甘于寂寞的精神，是会计道德的最高体现，会计人员要能做到坚持原则，秉公办事，做到“贫贱不能移，富贵不能淫”的人生境界。

2. 文化知识博而精

身为会计人员，在数学、逻辑学、哲学甚至交际学和文学修养上都要有较高的造诣。在掌握财务会计、管理会计、国际会计、审计、税务等专业知识的同时，还应当熟悉《中华人民共和国会计法》、《企业会计准则》等相关法律。

作为一名大中型工业企业的会计，还需要掌握一门以上的外语。学习计算机技术也是会计人员必须具备的技能，随着办公自动化的普及，用计算机进行记账、算账、报账成了大时代的潮流。

3. 工作能力和学习能力较强

会计中的课本知识和实际工作相结合是会计职业的发展趋势，所以当把会计从业资格证考下来之后，并不代表可以从事会计职业，还需要进一步学习，如某工业企业从事眼镜加工创造，想要做好会计，一定要对所加工创造的眼镜规格和原材料进行深入研究。虽然会计行业知识更新速度并不快，但是如果不能随时准备吸收新知识，反而故步自封，会导致闭门造车的后果。所以一定坚持学习、学习、再学习的道路。

较强的财务分析能力是会计人员的一项基本功，会计讲求严谨，对获取的无数信息进行筛选和分析。会计人员需要把握财务工作基本规律，从中获取真实的会计信息。一个完整的会计流程，需要会计人员对工业企业中业务部门、仓库部门甚至银行和工商部门进行沟通和交流，所以会计人员在接人待物上一定要周到。在风云变幻的商业场合，如果不能迅速做出反应，正确分析问题，会给企业造成很大损失。并且在做出决定的时候不能拖泥带水，会计人员有着监督管理的职责，如果不能果断做出决定，会失去商机。所以只有及时预测分析工业企业的发展前景，才能为领导者的决策做出帮助。为企业赢取最大的利益。

4. 良好的身体素质和心理素质

会计工作枯燥而乏味，会计人员无论做账还是计算，都需要较强大的心理素质和身体素质。会计工作是一个消耗大量脑力和体力的工作，如果体力不足，会产生心有余而力不足的后果，甚至精神不能高度集中造成错账，所以身为会计人员，学会处理工作与休息的关系，劳逸结合，养成良好的生活规律。

在良好的身体素质上，要具有良好的心理素质，是会计人员搞好工作的关键。会计工作虽然枯燥，但需要会计人员细致有耐心。所以身为会计人员，要做到宠辱不惊，沉着冷静。会计人员不能趋炎附势、随波逐流，要敢于坚持自己的原则，具有积极进取和自强不息的精神。

习题：

1. 工业会计中对会计人员要求的依据是什么？

2. 阅读《会计基础工作纲要》。

3. 工业会计人员应该具有哪些素质？

第三节　会计制度

本节关键词：

会计制度、会计制度设计、会计制度设计分类

本节内容提要：

(1) 了解会计制度的发展历史。

(2) 了解会计制度设计的意义。

(3) 熟悉会计制度设计的分类。

会计制度伴随会计的产生而产生，伴随会计的发展而发展，因此会计制度的历史也非常久远，到了近代，会计制度发生了质的变化，但其意义却没有太多的变化。本节主要讲述会计制度的发展历史、会计制度的意义和会计制度的设计分类。

一、会计制度的发展历史

会计制度是指会计核算和会计监督过程中，会计人员应当遵循的程序和规范。随着社会经济的发展，会计制度也在不断进步且趋于成熟。中国会计制度产生比较早，其发展历史大体分为三个阶段。

1. 从远古时期到 1949 年

中国最古老的会计是从“结绳记事”和“刻契记数”开始的，后来到“流水账”的出现，到汉朝出现了“月计岁会”，标志着我国会计制度的初步形成。随着社会的发展，农业、工业和商业领域不断进步，国家征收的项目和内容渐渐扩充，会计行业发展的同时，会计制度也在逐渐完善，到了西汉时期，已经出现了“收入”和“付出”两个记账的基本要素。会计制度发展

到唐朝，就出现了“四柱清册”的记账方法，这是我国古代会计发展的里程碑，宋朝时期开始盛行，而现代会计中与之相似的欧洲“借贷记账法”要比“四柱清册”晚了很多年。

到了明末清初，我国会计制度进一步发展，官厅会计在“四柱清册”的基础上衍生出“龙门账”的会计核算方法，这是我国复式记账的开端。到了1914年，北洋政府又对会计制度进行了彻底改革，建立了“会计凭证—账簿—会计报表”的记账流程，它奠定了我国现代会计的基础，并且把会计记账习惯从自右向左转换为自左向右的书写方式。此次改革非常有效且非常适用，它不但完善了账簿体系，还设立了会计的基本科目。

2. 从1949年新中国成立后到改革开放前

这是一段非常短暂的历史，但是非常重要。新中国成立初期，记账方式和会计制度基本上照抄苏联，虽然有些生搬硬套，但是在那个特定的环境中依然发挥了很大的作用。到了后期，我国在不断的摸索中寻找到了中国特色社会主义道路的基本经济体制。这一段的会计历史也成为会计制度发展过程中的过渡时期。

3. 从改革开放至今

市场经济在我国的发展历史比西方发达国家短很多，并且在会计制度上有很多不足之处。但是结合我国处于社会主义初级阶段的特殊国情，借鉴其他国家会计制度，用最快的时间缩短了我国会计准则和国际会计准则之间的差距。

20世纪70年代，我国实行改革开放后，由于之前照搬了苏联的记账模式，当和其他国家进行商业洽谈的时候发现，很多外商对我国实行的会计制度表示不理解，甚至看不懂账本。为了尽快和世界接轨，1985年，在第六届全国人民代表大会上通过了《中华人民共和国会计法》（简称《会计法》）。《会计法》的实施标志着我国的会计体制走向了正常化。

二、会计制度设计的意义

会计制度是会计工作者的要求，这是通过会计工作者在长期会计实践中总结出来的，再根据会计理论和经济管理等方面对会计的要求设计出来，而非人们的凭空想象，会计制度是以《企业会计准则》为依据，为了方便指导处理会计工作，尽量采用规范化的会计组织机构和文件化的会计核算报告。因此作为会计制度设计人员研究成果，会计制度成为工业企业进行经济管理的重要组成部分，尤其我国引入社会主义市场经济后，会计制度的重要性体现得更加十分鲜明。

（1）工业企业在生产经营过程中，需要对会计信息进行层层汇总，在这个过程中，会计制度成了国家对会计工作进行综合平衡和宏观调控的参照，是体现国家财经方针和政策的依据。并且会计制度人员在设计会计制度的时候，常常把工业企业的经济效益当作考核指标。

（2）会计制度为会计人员的工作提供了可靠的法律基础和工作制度，为及时全面、真实准确地提供会计信息奠定了基础，保障了会计工作者的工作有条不紊、有组织、有秩序地开展，减少会计运算过程中出现的各种差错和弊端。因此，会计制度不仅及时、有效地提供了会计信息，也是进行会计核算的重要前提。

（3）会计制度在会计凭证、会计科目、会计记账程序、会计报表等工业企业成本计算的时候，提供了可靠的、规范的会计工作文件，保证了程序的科学性和内容的全面性。为了方便会计信息使用者，会计制度还规定会计报表要有一定的深度和广度，方便反映工业企业的经济活动，通过对比较分析，对工业企业做出合理的预测。

（4）为了贯彻党和国家的方针政策，会计制度设计明确了会计机构内部各个岗位的责任，实行了内部控制的方法，不仅维护工业企业的财经纪律，还能有效保护工业企业的财产安全。尤其在现代工业企业中，新制度的建立和市场经济的不断发展，国家对经济的宏观调控，都需要通过工业企业的会计制度发挥作用。一般情况下，我国工业企业的财务报表由会计师事务所对其进行检查检验；尤其对于关系到民生或大中型工业企业，需要国家审计局直接对其依法审计监督。这些审计和监督的依据就是会计准则和会计制度。所以会计制度为会计监督和审计提供了依据。

三、会计制度设计的分类

由于对工业企业的会计考虑角度不同，对会计制度的分类也不相同，按照会计制度的内容不同，我们把会计设计分为综合性会计制度设计、业务性会计制度设计和会计人员制度设计三大类。

1. 综合性会计制度设计

综合性会计制度是指各单位会计人员都要遵循的会计制度，以《会计法》、《注册会计师法》、《企业会计准则》、《会计档案管理办法》等会计法律为代表。这些会计制度需要中国任何一名会计都要遵循指导，其特点如下：

（1）综合性会计制度需要全国各地会计必须遵守，因此综合性会计制度设计具有普遍适用性。综合性会计制度设计不会因为会计单位的地理位置、经济发展程度不同而可以不执行。如《会计法》要求国内各个行业、各个所有制的单位遵守。

（2）不同行业、不同地域之间的会计工作存在不同，但是综合性会计制度依然在国内任何地方都可以实行，这说明了会计制度的高度概括性和原则性。综合性会计制度的设计不具有具体实施的性质，所以又会产生不同企业的会计核算方法进行补充和完善。

（3）综合性会计制度以法律的形式存在，因而具有强制性。综合性会计制度是一种强制执行的会计制度，一旦违背了综合性会计制度，会受到法律制裁，承担法律责任。

2. 业务性会计制度设计

综合性会计制度是会计制度的基础，由于综合性会计制度不能确定所有行业的会计制度，这就需要业务性会计制度来进行强调和补充。业务性会计制度不仅规定了本行业中会计核算业务时处理的具体方法，还规范了各个企业的会计工作客体，甚至会计对象的确认和计算等信息。其中，《企业会计准则》和《企业会计准则应用指南》都属于业务性会计制度。其特点有：

（1）业务性会计制度是不同企业根据本身特点进行设计的，所以它就像操作手册一样，规定了每一个具体实施的方法在不同情况下同种问题的处理方法。所以业务性会计制度具有较强的操作性。

（2）因为业务性会计制度规定了会计人员处理问题的具体方法，甚至其中运用了大量专业术语，所以业务性会计制度具有较强的技术性，这是区分一个企业与其他企业的标志。

3. 会计人员制度设计

随着社会主义经济体制的不断完善和发展，我国对会计人员的需求越来越多且要求也越来越严格。为了满足市场对会计人员的需求，我国每年都会举行会计从业资格证考试，而选拔会计人员的重要标志就是会计人员制度的设计。会计人员制度设计为规范会计人员的职权、奖惩和选拔权限提供了参照，其中主要有《会计人员职责条例》、《总会计师条例》、《会计人员继续教育暂行规定》。这些会计制度虽然比较简单，但特点非常鲜明：

（1）会计人员制度设计体现了国家、企业对会计人员的管理模式和要求。

（2）与综合性跨级制度和业务性规范会计有所不同，前两者的设计对象是会计业务；而会计人员设计的规范对象是会计行为主体。

参考文献

[1] 中华人民共和国财政部. 企业会计准则 [M]. 北京：经济科学出版社，2006.

[2] 周龙腾. 工业企业会计 [M]. 北京：中国宇航出版社，2010.

[3] 王明珠. 工业会计 [M]. 北京：中国审计出版社，1996.

[4] 张士元. 工业会计 [M]. 沈阳：东北财经大学出版社，1987.

[5] 陈国昌. 工业会计 [M]. 北京：航空工业出版社，1989.

[6] 宋荣昌. 工业会计 [M]. 兰州：甘肃人民出版社，1978.

[7] 孙树勋. 工业会计 [M]. 济南：山东人民出版社，1980.

[8] 孙育新. 会计学基础 [M]. 哈尔滨：黑龙江地图出版社，2010.

[9] 玉卓. 教你做一名优秀的工业企业会计 [M]. 北京：北京工业大学出版社，2010.

[10] 李相波. 成本会计学 [M]. 上海：立信会计出版社，2010.

[11] 杨志全. 如何加强工业企业固定资产管理 [M]. 郑州：河南人民出版社，1992.

[12] 中华会计网校. 商业会计 [EB/OL]. http：//www.chinaacc.com/wangxiao/swzx/fhy_3.

[13] 会计重心频道. 会计实务分类 [EB/OL]. http：//www.cnnsr.com.cn/kjzx.

[14] 会计做账实操教程（2013 年最新版）[EB/OL]. http：//www.51edu.com/caijing/kjcyzg.

[15] 豆丁网 [EB/OL]. http：//www.docin.com/l-11926-0-0-0-0-1.html.

[16] 易学网校之会计频道 [EB/OL]. http：//caikuai.studyez.com.